だれでもわかる
経営分析の進め方・活用の仕方

山下 福夫 【著】

産能大学出版部刊

はじめに

　企業経営は、最終的には、利益の獲得と企業の長期的な存続を目的にしています。その目的を達成するために経営活動が推進されるわけですが、それには、正確な経営実態の把握が欠かせません。

　とくに、財務数値やそれにもとづいて算出した経営指標（財務比率）は、企業の活動結果を全体として取りまとめた情報であり、企業経営にとって最も重要な「情報の宝庫」ともいえます。

　今日、企業を取り巻く環境は、ますます厳しさを増しています。しかも、世の中が多様化、複雑化してきた今日の時代では、正しく事実性をつかんだり、客観的にものごとを見る必要性が高まっています。会社全体を正しくつかみ、その中で何が問題であり、何をなすべきかがしっかりと計数的につかめ、着実に対応できることが大切です。

　そのためには、財務数値や経営指標などを使って、正しい採算計算と適切な意思決定、問題発見と課題形成が不可欠です。企業の中には、程度の差こそあれ、必ずいくつかの問題があります。企業の問題は、困ったことではなく、「宝の山」（改善の余地）と認識し、解決しなければなりません。問題を論理的に発見し、問題解決のための課題の決定と改善の方向づけをすることは、極めて重要です。

　筆者はこれまで三十有余年にわたり、セミナー講師や講演、また、会社指導をそれぞれ実施してまいりましたが、その間の経験を組み込み、現場の「ナマの声」を反映させた実践版として出版することにしました。

　したがって、本書は、今日的なビジネスパーソンにとって、知っておきたい経営分析の進め方や活用のしかたについて分かりやすく書いたものです。

　さて、本書は、9章で構成されています。

　第1章の「経営分析を進める前に」では、経営分析を進めるにあたって、あらかじめ知っておきたい前提知識について解説しています。

第2章の「安全性の分析」では、企業の安全性や支払能力を見るために、主に貸借対照表を中心に分析方法を取り上げています。
　第3章の「収益性の分析」では、まず、損益計算書の分析技法を解説し、さらに貸借対照表の投下資本との関連で資本利益率によって観察する方法についても取り上げています。
　第4章の「成長性の分析」では、企業の発展性や伸張度を見るための指標と、期間比較によってすう勢を分析する技法について述べています。
　第5章・6章の「生産性の分析」および「キャッシュフロー分析の進め方」では、その重要性や分析に用いる指標の求め方・見方・活かし方などについて説明しています。
　第7章の「損益分岐点の分析」では、ぜひ知っておきたい前提知識について解説しています。次いで、実際に分析を行う際、どのように展開するのか、とくに他社との比較や、費用構成から見た企業体質のとらえ方とその強化について説明しています。
　第8章の「採算計算と意思決定」では、いろいろな事例にもとづいて、採算計算に対する考え方、採算計算の方法、意思決定のしかたなどについて解説しています。なお、資金の時間的価値を考慮するための係数は、巻末の「係数表」をご活用ください。
　最後の第9章「ケースによる問題発見と課題の決定」は、これまでの総まとめとして、モデル企業を登場させ、経営分析を展開しています。経営数字によって、問題発見と課題の決定・改善の方向づけなどについて解説しています。
　経営分析のやり方を習得し、財務に強く、計数感覚豊かなビジネスパーソンをめざし、一層の研鑽と活躍を願うものです。
　本書をまとめるにあたっては、産能大学出版部の矢後日出雄氏、金子征江氏に大変お世話になりました。記して感謝の意を表します。

2002年5月　　　　　　　　　　　　　　　　　　　　　　山下福夫

目次

はじめに

第1章 経営分析を進める前に — 1

1 経営分析の基本 · 1
 【1】経営分析の目的 · 1
 【2】経営分析はだれが何のために行うのか · · · · · · · · · · · · · · · · · 2
 【3】経営分析に必要な資料 · 5
2 経営分析での判断基準と限界 · 7
 【1】指標の良否を判断する基準は何か · 7
 【2】経営分析の限界 · 8

第2章 安全性の分析 — 11

1 貸借対照表の基本 · 11
 【1】「勘定合って銭足らず」は、なぜ発生するのか · · · · · · · · · · 11
 【2】貸借対照表のしくみと様式 · 13
2 貸借対照表によって安全性を見るためには · · · · · · · · · · · · · · 16
 【1】主要項目の構成状態を見る · 16
 【2】主要項目の"つりあい"を見る · 17
  ［1］支払能力はあるか（その1）〔流動比率〕· · · · · · · · · · · 17
  ［2］支払能力はあるか（その2）〔当座比率〕· · · · · · · · · · · 18
  ［3］設備投資は自前でやっているか〔固定比率〕· · · · · · · · 19
  ［4］設備投資は自前でやって足りない分は
     長期の借金で賄っているか〔固定長期適合率〕· · · · · · · · 21
  ［5］借金の程度はどうか〔負債比率〕· · · · · · · · · · · · · · · · · 22
  ［6］財務体質の強弱はどうか〔自己資本比率〕· · · · · · · · · · 23
 【3】財務体質を強化するためには · 25

第3章　収益性の分析 ———————————————— 29

1　損益計算書の基本 ・・・・・・・・・・・・・・・・・・・・・・・・・・・・・・・・・・・ 29
【1】損益計算書のしくみ・・・・・・・・・・・・・・・・・・・・・・・・・・・・・・・・ 29
【2】損益計算書の様式・・・・・・・・・・・・・・・・・・・・・・・・・・・・・・・・・・ 31
2　損益計算書によって収益性を見るためには ・・・・・・・・・・・・・・・ 33
【1】売上高と利益の割合を見る・・・・・・・・・・・・・・・・・・・・・・・・・・ 33
　　［1］製品・商品の収益力はどうか〔売上高総利益率〕・・・・・・・・ 33
　　［2］営業の収益力(営業活動の効率)はどうか
　　　　〔売上高営業利益率〕・・・・・・・・・・・・・・・・・・・・・・・・・・・・・・ 35
　　［3］会社の収益性(期間の儲け)はどうか〔売上高経常利益率〕・・ 36
【2】売上高と費用の割合を見る・・・・・・・・・・・・・・・・・・・・・・・・・・ 37
　　［1］仕入れや製造活動の効率はどうか〔売上原価率〕・・・・・・・・ 38
　　［2］売上高に占める主要費用の割合を見る
　　　　〔売上高主要費用比率〕・・・・・・・・・・・・・・・・・・・・・・・・・・・・ 41
　　［3］売上高に占める金融費用の割合を見る
　　　　〔売上高金融費用比率〕・・・・・・・・・・・・・・・・・・・・・・・・・・・・ 42
【3】決算書と諸比率の関連・・・・・・・・・・・・・・・・・・・・・・・・・・・・・・ 43
【4】資本利益率の意味とその重要性・・・・・・・・・・・・・・・・・・・・・・ 44
【5】資本利益率のいろいろ・・・・・・・・・・・・・・・・・・・・・・・・・・・・・・ 46
3　資本利益率を分解して改善の手掛かりをつかむ・・・・・・・・・・・ 48
　　［1］会社の業績の良否(会社全体の効率)はどうか
　　　　〔総資本経常利益率〕・・・・・・・・・・・・・・・・・・・・・・・・・・・・・・ 48
【1】資本回転率とは何か・・・・・・・・・・・・・・・・・・・・・・・・・・・・・・・・ 49
【2】資本回転率のいろいろ・・・・・・・・・・・・・・・・・・・・・・・・・・・・・・ 50
　　［1］総資本の利用度(資産の活用効率)はどうか〔総資本回転率〕・・ 51
　　［2］売上債権(受取手形)の回収状況はどうか〔受取手形回転率〕・・ 53
　　［3］売上債権(売掛金)の回収状況はどうか〔売掛金回転率〕・・・・ 54
　　［4］商品在庫は過剰ではないか〔商品回転率〕・・・・・・・・・・・・・・ 55

［5］製品在庫は過剰ではないか〔製品回転率〕・・・・・・・・・・・・・ 57
　　［6］原材料（資材）在庫は過剰ではないか〔原材料回転率〕・・・・ 58
　　［7］工程の途中に仕掛かっているものは多くないか〔仕掛品回転率〕・ 59
　　［8］固定資産の利用度はどうか〔固定資産回転率〕・・・・・・・・・・ 60

第4章　成長性の分析 ─────────────── 63

1　企業の"ウゴキ"を見るためには・・・・・・・・・・・・・・・・・・・・・・・・・・・・ 63
【1】成長性分析の意義と指標・・・・・・・・・・・・・・・・・・・・・・・・・・・・・・・・・ 63
【2】期間比較はなぜ大切か・・・・・・・・・・・・・・・・・・・・・・・・・・・・・・・・・・・ 64

2　企業のすう勢を見るためには・・・・・・・・・・・・・・・・・・・・・・・・・・・・・ 65
【1】すう勢比率を用いる場合・・・・・・・・・・・・・・・・・・・・・・・・・・・・・・・・・ 66
【2】期間ごとの財務比率を用いる場合・・・・・・・・・・・・・・・・・・・・・・・・ 69

第5章　生産性の分析 ─────────────── 73

1　生産性分析の基本・・・・・・・・・・・・・・・・・・・・・・・・・・・・・・・・・・・・・・・ 73
【1】生産性分析の目的と重要性・・・・・・・・・・・・・・・・・・・・・・・・・・・・・・ 73
【2】生産性とは何か・・・ 74
【3】付加価値の意味と求め方・・・・・・・・・・・・・・・・・・・・・・・・・・・・・・・・ 75

2　生産性分析で用いる主な指標とその関連・・・・・・・・・・・・・・・・・ 78
【1】労働生産性を見る・・・・・・・・・・・・・・・・・・・・・・・・・・・・・・・・・・・・・・・ 78
　　［1］労働生産性（1人当たり付加価値額）はどうか
　　　　〔従業員1人当たり付加価値〕・・・・・・・・・・・・・・・・・・・・・・・・ 78
　　［2］労働生産性（付加価値率）はどうか〔付加価値率〕・・・・・・・・ 79
　　［3］労働生産性（1人当たり売上高）はいくらか〔1人当たり売上高〕・ 81
　　［4］設備の機械化や省力化は進んでいるか〔労働装備率〕・・・・・ 82
【2】資本生産性を見る・・・・・・・・・・・・・・・・・・・・・・・・・・・・・・・・・・・・・・・ 83
　　［1］資本生産性の良否はどうか〔総資本投資効率〕・・・・・・・・・・・ 83
　　［2］設備の投資効率はどうか〔設備投資効率〕・・・・・・・・・・・・・・・ 85

【3】付加価値の構成状態を見る・・・・・・・・・・・・・・・・・・・・・・・・・・・・86

第6章 キャッシュフロー分析の進め方 ―――― 89

1 キャッシュフロー分析の基本・・・・・・・・・・・・・・・・・・・・・・・・・・・・・・89
 【1】キャッシュフロー分析の重要性・・・・・・・・・・・・・・・・・・・・・・・・・89
 【2】キャッシュフロー計算書のしくみと様式・・・・・・・・・・・・・・・・・90
 【3】キャッシュフロー計算書の分析・・・・・・・・・・・・・・・・・・・・・・・・・99
  ［1］本業でのキャッシュフロー獲得能力はどうか
     〔営業キャッシュフロー・マージン〕・・・・・・・・・・・・・・・・・・99
  ［2］利益から生まれるキャッシュはどうか
     〔営業キャッシュフロー当期純利益率〕・・・・・・・・・・・・・・・100
  ［3］短期的な財務安全性はどうか〔キャッシュフロー版当座比率〕・・102
  ［4］長期的な財務安全性はどうか〔キャッシュフロー比率〕・・・・・103
  ［5］長期有利子負債の返済能力ははどうか
     〔キャッシュフロー版インタレスト・カバレッジ・レシオ〕・・・・・・・・・105
  ［6］設備投資は適正水準か〔設備投資比率〕・・・・・・・・・・・・・・・106
  ［7］投資額は適正水準か〔投資比率〕・・・・・・・・・・・・・・・・・・・・108

第7章 損益分岐点の分析 ―――――――――― 111

1 損益分岐点の基本・・・・・・・・・・・・・・・・・・・・・・・・・・・・・・・・・・・・・・111
 【1】損益分岐点とは赤字と黒字の分かれ道・・・・・・・・・・・・・・・・・111
 【2】費用を「固定費」と「変動費」に分ける・・・・・・・・・・・・・・・・・112
2 損益分岐点はどのように求めるか・・・・・・・・・・・・・・・・・・・・・・・116
 【1】損益分岐点の公式は・・・・・・・・・・・・・・・・・・・・・・・・・・・・・・・・116
 【2】限界利益とは何か・・・・・・・・・・・・・・・・・・・・・・・・・・・・・・・・・・117
 【3】限界利益率・変動費率とは何か・・・・・・・・・・・・・・・・・・・・・・119
 【4】項目が変化するときの損益分岐点・・・・・・・・・・・・・・・・・・・・120
3 図表によって損益分岐点を求めるには・・・・・・・・・・・・・・・・・・・123

- 【1】利益図表とはどのようなものか･･････････････････････123
- 【2】利益図表の作り方（その1）･･･････････････････････125
- 【3】利益図表の作り方（その2）･･･････････････････････127
- 4 採算の状態と企業体質を見るには････････････････････････128
- 【1】損益分岐点を比較する･･････････････････････････････128
  - [1] 採算の状態はどうか〔損益分岐点比率〕･･････････129
  - [2] 経営に余裕があるか〔安全余裕率〕･･･････････････130
- 【2】費用構成から企業体質を見る･･･････････････････････131

第8章　採算計算と意思決定 ——— 137

- 1 採算計算による意思決定･････････････････････････････････137
- 【1】採算計算と意思決定の重要性･･･････････････････････137
- 【2】計画案の利益を求めるには･････････････････････････138
- 2 製品の有利性を見るには･････････････････････････････････142
- 【1】事例1：どちらの製品が有利か･････････････････････142
- 【2】事例2：赤字でも追加受注するか･･･････････････････144
- 【3】事例3：赤字製品はやはり不利か･･･････････････････145
- 3 内作と外作のどちらが有利か･････････････････････････････147
- 【1】事例1：内作が有利････････････････････････････････147
- 【2】事例2：外作が有利････････････････････････････････148
- 【3】事例3：どちらの機械購入が有利か･････････････････149
- 4 取替原価、機会原価、機会利益、機会損失･････････････････150
- 【1】事例1：受注価格は適正か･････････････････････････150
- 【2】事例2：独立開業したときの稼ぎ高は･･･････････････152
- 【3】事例3：手作業か情報システム化か･････････････････153
- 5 設備投資の採算計算･････････････････････････････････････154
- 【1】資金の時間的価値を考慮する･･･････････････････････154
- 【2】採算計算で使う係数のいろいろ･････････････････････156

【3】係数を使って採算計算をしてみよう・・・・・・・・・・・・・・・・・・・・・159
　　［1］事例1：事業投資の採算性はどうか・・・・・・・・・・・・・・・・・159
　　［2］事例2：買取とレンタルではどちらが有利か・・・・・・・・・・・160

第9章　ケースによる問題発見と課題の決定 ── 163
1　会社の問題と経営改善・業務改善・・・・・・・・・・・・・・・・・・・・・・・・・・・163
　【1】会社の中は「宝の山」・・・・・・・・・・・・・・・・・・・・・・・・・・・・・・・・163
　【2】問題はなぜ発生するのか・・・・・・・・・・・・・・・・・・・・・・・・・・・・・164
　【3】最適な状態に維持するためには・・・・・・・・・・・・・・・・・・・・・・・166
　【4】経営分析は経営改善・業務改善の出発点・・・・・・・・・・・・・・・167
2　モデル企業で見る経営分析の実際・・・・・・・・・・・・・・・・・・・・・・・・・169
　【1】モデル企業はこのような会社・・・・・・・・・・・・・・・・・・・・・・・・169
　【2】どのような現象が出ている会社か・・・・・・・・・・・・・・・・・・・・170
3　課題解決のためには・・・・・・・・・・・・・・・・・・・・・・・・・・・・・・・・・・・・190
　【1】問題点絞り込みの着眼点・・・・・・・・・・・・・・・・・・・・・・・・・・・・190
　【2】課題の決定と改善の方向・・・・・・・・・・・・・・・・・・・・・・・・・・・・193

勘定科目の手引・・・197
　〔Ⅰ〕貸借対照表科目／197
　〔Ⅱ〕損益計算書科目／204
　〔Ⅲ〕製造原価科目／209
係数表・・・211
　1．終価係数／211　　2．現価係数／212
　3．年金終価係数／213　　4．年金現価係数／214
　5．減債基金係数／215　　6．資本回収係数／216
参考文献・・・217
さくいん・・218

第1章

経営分析を進める前に

1 経営分析の基本

【1】経営分析の目的

　企業では、長期安定的な極大利潤（または利益）を獲得するための経営活動が行われ、その結果は最終的には会計数字によって示されます。つまり、活動結果としての営業成績は損益計算書に、財政状態は貸借対照表に示されます。

　これらに表示されている数字を観察したり、分析することによって、企業の問題点を発見し、改善の手掛かりを得て、しかるべき手を打つことができるのです。

　例えば、業績が下がってきたのは、販売不振によって売上が伸び悩んだからだ、人件費や原材料費さらに金融費用の増大が利益を圧迫しているからだ、固定費の増加から損益分岐点が高まっているからだ、といった具合に分析を進め、改善のための手を打っていきます。また、借り入れた資金が在庫や売上債権に固定化しているので、在庫管理の強化や受取手形・売掛金といった売上債権の回収強化に管理のポイントを置いた改善を進めなければならない、といったように分析を進めるのです。

このように経営分析は、貸借対照表や損益計算書といった決算書に示された数値によって行われますが、これだけでよいというものではありません。この他に、会計数字以外のデータ（例えば、生産量、労働時間、機械稼働時間、販売量、従業員数など）も入手できるならば、これらも利用しなければなりません。もちろん、分析を行う人の立場によって入手できるデータには程度の差があると思われますが、できるだけ他のデータも収集し、分析資料に加えていくようにします。

　つまり、**経営分析**は、企業の活動結果を示す財務諸表や入手可能な他の資料（非会計データ）によって、企業の長所や問題点をつかみ、改善措置を講ずる際の手掛かりにするためのものであるといえます。したがって、経営分析は経営比率を算出することが目的ではなく、自社や他社の経営状態を知り、問題点をつかみ、改善していくための指針を得るためのものなのです。

【2】経営分析はだれが何のために行うのか

　経営分析は、これを行う人の立場によって内部分析と外部分析に分けられます。

[1] 内部分析（自社分析）とは

　内部分析は自社分析ともいわれ、企業内部の人たちによって行われる経営分析のことです。例えば、経営者・管理者・企画部・経理部の立場では、自社の経営管理に役立てるため、経営分析を行って、経営がうまくいっているかどうかを見たり、改善措置を講じるための指針を得るのです。

　内部分析は外部分析と違って自社の状態を調査分析するものですから、分析する際は、事実の原因分析まで立ち入る必要があります。

　例えば、借入金に伴う金融費用の増大が利益を圧迫していると分

かっても、それだけでは現象の把握だけにとどまり、改善措置はとれません。改善措置をとるためには、因果関係を究明しなければなりません。つまり、「調達した資金（借入金）は何に使われたか」を把握することが大切です。

このような場合には、調達した資金が棚卸資産や売上債権に固定化しているケースが多く見受けられます。例えば、在庫品が増加したと判明しても、その原因・背景は、後で解説するようにいろいろあります。

外部分析の場合には、入手可能なデータに制約があるので、その原因・背景をつかむのは極めて難しい場合が多いといえます。しかし、内部分析では、どのような原因や背景があるのか、その原因・背景に対してどのように対応すべきかを検討しなければなりません。

また、内部分析では、全社をマクロ的に見るとともに、ミクロの部分にも注目する必要があります。例えば、在庫品が増加した場合でも、具体的にどの製品の回転率が悪いかが分からなければ、適切な手が打てないのです。そのためには、各種の内部管理資料の活用が図られなければなりません。このことによって適切な分析と妥当な判断を行うことが可能となるのです。

[2] 外部分析（他社分析）とは

外部分析とは、企業外部の人たちによって行われるものです。それぞれの立場によって分析目的は異なりますが、全く異なる分析手法を用いるのではなく、分析の重点をどこに置くかという点で異なります。

①株主・投資者の立場から

株主や一般の投資者の立場からの分析は、投資目的のために行われるので、「投資分析」といわれています。現在の株主やこれから株主になろうとしている人たちは、投資に対する配当、株価の値上がり、増資のいかんに関心を持っています。しかし、投資の有利性だけでなく、

投資先の企業が倒産しては困るので、その安全性（または支払能力）についても関心を払わなければなりません。したがって、このような場合には、収益性の分析に重点が置かれ、次いで安全性や支払能力の分析も行います。経済雑誌社、証券会社などが行う分析は、主として投資者の立場からのものが多く、投資分析に含まれます。

②債権者の立場から

債権者とは、企業に対して債権（将来請求できる権利）を持っている人をいい、例えば、銀行や仕入先のことです。これら債権者の立場では、債務者（将来支払いの義務を持つ人）への貸金が踏み倒されることなく、きちんと回収できるかどうかといったように、その返済能力に重点が置かれます。したがって、支払能力に分析の重点が置かれるので、「信用分析」または「信用調査」といわれています。

信用分析では、債務者の信用度つまり貸金の支払能力に重点が置かれます。しかし、企業の支払能力は収益性と密接な関連があるので、収益性の分析も行われることはいうまでもありません。

③その他の立場から

その他に、財務省、経済産業省、中小企業庁、日本銀行などが、経済政策の資料や経済の発展に利用するために経営分析をしています。また、税務署は徴税目的のために、個々の企業は同業他社の状態を知るために行っています。

[3] 内部分析と外部分析の違い

内部分析と外部分析とでは、分析者の立場とその目的が異なることはすでに触れましたが、分析上では次のような相違点があります。

①資料の入手可能量が違う

内部分析では、自分の会社を分析するのですから、分析上必要な資料は十分に入手でき、また、そうでなければ内部分析としての意味がありません。

これに対し、外部分析では、分析対象企業が株式を上場している場合にはある程度の資料を手に入れることができますが、分析対象企業が上場会社だけとは限りません。いずれにせよ、他社を分析するのですから、入手資料にはおのずから限界があります。

②資料の入手時期に差がある

内部分析では、自社の資料は早く入手できますが、他社の資料を早期に入手することは極めて困難です。タイミングを失った資料は、その価値が半減したり、場合によっては判断を誤らせたりすることもあります。

このように、内部分析と外部分析では、資料の入手時期（資料の鮮度）に大きな違いがあるのです。このことは、分析上極めて重要な意味を持つことになります。つまり、内部分析では、詳細な部分にわたって分析が行われますので、ある程度ミクロのことが分かります。これに対して外部分析の場合には、おおまかにならざるを得ないのです。外部分析の場合、主として、決算書の会計数値を中心とするマクロ・データを分析するので、それから得られる結果も、おおまかになるのはやむを得ないことでしょう。

【3】経営分析に必要な資料

経営分析を行うには、貸借対照表、損益計算書、利益処分計算書はいうまでもなく、それぞれの内訳明細書が必要です。さらに必要に応じて、企業内統計資料・管理資料や外部の統計資料を入手します。自社分析か他社分析かによって、資料の入手量と時期が異なりますが、主なものをあげると次のようになります。

[1] 自社分析の資料には
①営業報告書または事業報告書

これは、株主に送付するもので、貸借対照表、損益計算書、利益処分計算書が含まれています。しかし、費目別明細が分からないという点で、分析に限界があります。

②**決算報告書**

これは、主要な財務諸表の他に、諸勘定の内訳明細書が含まれています。

③**有価証券報告書**

これは、証券取引法の適用を受ける上場会社などに限られますが、かなり詳細な資料です。

④**自社の統計資料、諸管理資料など**

[2] 他社分析の資料には

①官報・日刊新聞に公告の財務諸表

②営業報告書または事業報告書

③有価証券報告書総覧

これは、上場会社に限られますが相当詳しく示されています。内容は会社の概況、事業の概況、営業の状況、設備の状況、提出会社の状況、経理の状況などからなっています。経理の状況には監査報告書の他に連結ベースでの財務諸表や提出会社単独の財務諸表などが示されています。政府刊行物サービス・センターで販売しています。

④興信所の調査報告書

興信所に調査を依頼すれば、決算書、主要経営比率、その他の資料を含む調査書が入手できます。

[3] 統計資料には

統計資料には、各種のものが公表されています。一般に利用されているものを例示すると、次のとおりです。業種別平均値や企業別の経営比率をつかみ、分析企業と比較する資料となります。

①主要企業経営分析（日本銀行）
②法人企業統計年報（財務省）
③わが国企業の経営分析（経済産業省）
④世界企業の経営分析（経済産業省）
⑤中小企業の経営指標（中小企業庁）
⑥中小企業の原価指標（中小企業庁）

2 経営分析での判断基準と限界

【1】指標の良否を判断する基準は何か

　経営分析を行うのに、ただ1つの数値だけでは、その良否を判断することはできません。その良否を判断するには、何らかの数値と比較しなければなりません。
　指標の良否を判断する基準には、次の3つがあります。

[1] 同業他社の水準または同業種平均値
　上場会社であれば、前述したように、「有価証券報告書総覧」によって同業他社の状態が分かりますので、これと比べて良否を判断します。また、業界の平均値も統計資料が入手できれば、それとの対比も可能です。しかし、中小企業のように個々の企業の資料が入手できなければ企業間比較は難しいので、同業種平均値（中小企業の経営指標や原価指標）と比べて、その良否を判断します。

[2] 分析企業の過去の水準
　重要なのは、過去の数値との比較です。例えば、総資本経常利益率が5％で、同業他社や業界平均のそれに比べて高いとしても、よくなっ

ての5％なのか、それとも悪くなってのそれであるのかによって、全く意味合いが違ってくるのです。当期の資料しか入手できなければしかたありませんが、できれば数期間の資料により、その企業の傾向について分析する必要があります。

[3] 目標または予算

他社分析の際には、良否の判断基準として、前述の［1］［2］にとどまりますが、自社分析では、さらに実績と目標または予算とを比較します。

活動結果としての実績値は、計画段階で設定された目標ないしは予算といった計画値と比較することによって、業績を評価したり、経営活動の反省を行い、将来の経営指針を得なければなりません。

【2】経営分析の限界

経営分析は、企業の実態を計数でとらえ、これによる管理を志向するものですが、次に述べるような理由によって限界があります。この経営分析の限界を正しく認識したうえで、分析や判断を行う必要があるのです。だからといって、経営分析をやっても意味がないわけではありません。つまり、会計資料なしに、企業実態を把握し得ないことも事実なのです。

[1] 取り扱うデータは会計数値を中心にしている

会計数値（金額）は、異なるものを金額という同じ尺度に換算したものです。このような意味では、非常に便利でしかも分かりやすいという特長があります。しかし、異なる事柄をすべて金額という尺度で換算しているために、数値相互間の判断がそれだけ難しいことにもなるのです。

また、企業の業績は、経営者の資質、経営者や企業に対する社会的信用、取扱製品の成長力、販売力や技術水準、研究開発力、資本系列、資金調達力、従業員の質などが大きく影響しますが、これらがすべて決算書の数値の上に表れるかというと、そうではないのです。

　決算書による分析は、それがすべてではありませんから、企業の実態をくまなくつかむことはできません。しかし、先に例示した定性的要因（非会計データ）もできるだけ分析に加えるべきです。それができなければ、別途に検討しなければなりません。

[2] 会計数値は企業の活動結果を示すマクロ的な数値

　経営分析の中で使用する会計数値は、企業の活動結果を示すマクロ的な数値です。このことは、分析上どのような意味合いがあるかといいますと、"マクロ・データをいくら分析しても得られる結果は、ほぼ概括的になってしまう"ということです。もちろん、分析者の立場や入手可能な資料の詳細性の程度にもよりますが、いずれにせよ、マクロのデータからミクロの情報は得られないことに留意しなければなりません。

[3] 判断する尺度が不明確

　指標の良否を判断する基準は前述したように大別して３つの基準がありますが、その中で注意を要するのは、業界（業種）の平均値です。なるほど、業界の平均値が分かれば、分析対象企業の水準はどの程度かといったことが分かります。しかし、業界の平均値はあくまで統計の調査対象となった企業の算術平均であって、「理想標準」を示すものではありません。したがって、業界平均値と比べて、一喜一憂することは意味がありません。

　企業の打つべき手や重点政策は、業種や規模によって決まることもあるかもしれません。しかし、企業がおのずから持っている他の企業

にない企業特性（企業体質）によって左右される要素が大きいともいえます。

　分析企業には、業種に関係なく、長年の経営活動を通じて培われてきた企業体質があります。業種が同じであっても、どのような企業体質かによって、企業の打つべき手や重点政策は異なります。今後は、企業体質を正しく認識したうえで、判断しなければならないといえます。

第2章

安全性の分析

1 貸借対照表の基本

【1】「勘定合って銭足らず」は、なぜ発生するのか

　企業は営業活動において適正な収益を上げなければ、次第に資金繰りは苦しくなり、長期的な安定成長は望めません。それこそ、「勘定足らず銭足らず」で赤字倒産ということになります。

　しかし、収益を上げていれば倒産しないかというと、そうでもありません。在庫が過剰であったり、売上債権の回収不良、過剰な設備投資といったように資産の運用に不手際があれば、「勘定合って銭足らず」で黒字倒産にもなるのです。

　今日の企業会計では、売上高は実際の入金に関係なく商品を引き渡したときに売上を計上します。また、費用についても実際の支払いの有無と関係なく、その期間の売上に合う金額を費用として計上するのです。これを「**発生主義の原則**」といいます。

　つまり、現金の収入や支出に関係なく、発生した事実に基づいて処理をします。「勘定合って銭足らず」とは、実にこの**発生主義**による期間損益の産物であるといえます。

　それでは、どうして「勘定合って銭足らず」が発生するのか、もう

少し具体的に見ておきましょう。

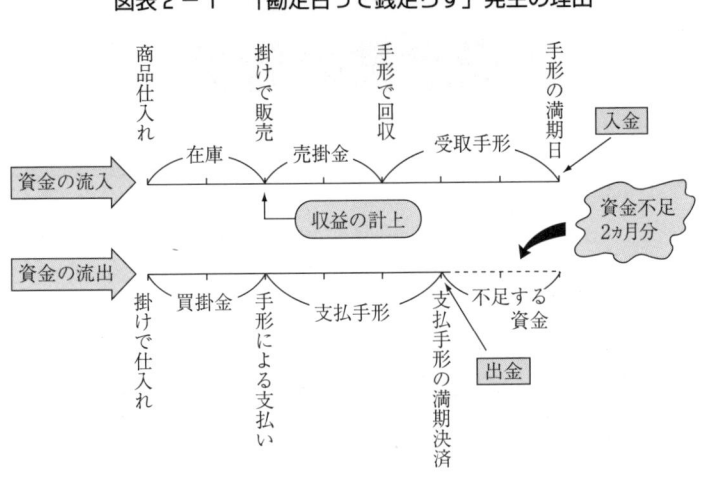

図表2-1 「勘定合って銭足らず」発生の理由

　図表2-1のように、会社には、お金の入ってくる側面（資金の流入）と、お金の出ていく側面（資金の流出）の2面があります。

　図表2-1は、流通業（商業）のケースで、1つの目盛りは1カ月というサイクルを想定しています。「資金の流入」の面から見ると、まず商品を仕入れて在庫をし、それを後日、掛けで販売します。このときに収益が計上されます（会社の売上が立ちます）。さらに、掛代金は手形で回収されます。手形には満期日があって、満期日になるまでは資金化できません（手形の割引によって満期日以前に資金化する手段もありますが……）。

　さて、今度は「資金の流出」の面から見ると、商品の仕入れは、掛け（買掛金）によって行います。掛代金を支払うにあたって後日手形に切り替えます。支払手形にも期日があり、支払日（満期日）になると、好むと好まざるとに関わらず、決済（当座預金からの支払い）をしなければなりません。

　あなたはすでにお気づきと思いますが、資金の流入と流出を示す目

盛りが合いません。つまり、2カ月分の資金不足（点線で示した部分）が生じたということです。

このように「勘定合って銭足らず」の現象が発生し、資金ショートを起こしたのでは、企業経営は失敗といえます。企業の支払能力や安全性の分析は、収益性の分析と密接な関係があり、しかも経営分析上、極めて重要な分析対象領域といえます。

企業の支払能力や安全性の分析には、主として「貸借対照表」が用いられます。

【2】貸借対照表のしくみと様式

貸借対照表とは、一定時点における企業の財政状態を示す財務報告書のことです。言い換えれば、決算日現在の資産・負債・資本がどのような状態にあるかを示す一覧表のことです。

貸借対照表は、図表2－2のようなしくみになっています。

図表2－2　貸借対照表のしくみ

資産	流動資産	当座資産	負債	流動負債
		棚卸資産		
		その他流動資産		固定負債
	固定資産	有形固定資産		
		無形固定資産 投資他	資本	資本金 資本準備金 利益準備金 その他の剰余金
	繰延資産			

この図表から分かるように、貸借対照表は「資産」「負債」「資本」

の３つの部分で構成されています。

貸借対照表の様式は、図表２－３のように左側に資産の部を示し、右側に負債の部と資本の部を配列する左右両欄式のものが普通です。

図表２－３　貸借対照表の様式（勘定式）

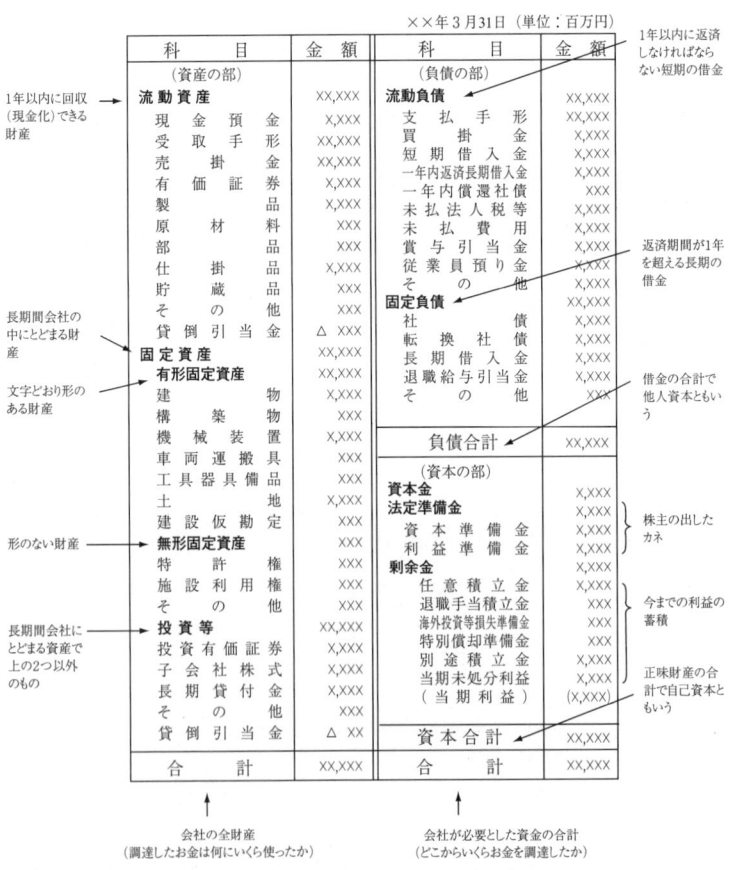

図表２－４　貸借対照表（報告式）

貸借対照表（第21期）

㈱能率機械製作所　　　　　　　　　　　（単位：百万円）

××年３月31日

資 産 の 部

Ⅰ　流動資産
　　現　金　預　金　　　　　490
　　受　取　手　形　　　　　250
　　売　　掛　　金　　　　　130
　　製　　　　　品　　　　　500
　　仕　　掛　　品　　　　　235
　　原　　材　　料　　　　　 71
　　貯　　蔵　　品　　　　　 12
　　その他流動資産　　　　　 32
　　　流動資産合計　　　　　　　　　　1,720
Ⅱ　固定資産
　１．有形固定資産
　　建　　　　　物　　　　　250
　　機　械　装　置　　　　　380
　　車　両　運　搬　具　　　 55
　　什　器　備　品　　　　　 45
　　土　　　　　地　　　　　220
　　　有形固定資産合計　　　950
　２．投資その他の資産
　　投資その他資産　　　　　 80
　　　投資その他の資産合計　 80
　　　固　定　資　産　合　計　　　　　1,030
　　　資　産　合　計　　　　　　　　　2,750

負 債 の 部

Ⅰ　流動負債
　　支　払　手　形　　　　　230
　　買　　掛　　金　　　　　250
　　短　期　借　入　金　　　760
　　納　税　引　当　金　　　 67
　　その他流動負債　　　　　 53
　　　流動負債合計　　　　1,360
Ⅱ　固定負債
　　長　期　借　入　金　　　460
　　退職金給与引当金　　　　220
　　　固定負債合計　　　　　680
　　　負　債　合　計　　　　　　　　　2,040

資 本 の 部

Ⅰ　資本金　　　　　　　　　400
Ⅱ　剰余金　　　　　　　　　237
　　当　期　純　利　益　　　 73
　　　資　本　合　計　　　　　　　　　　710
　　　負債・資本合計　　　　　　　　　2,750

割引手形期末残高　　　　　　　　　　　　 240

これを「勘定式」の貸借対照表といいますが、ときには、資産、負債、資本の各部を上から下に並べた「報告式」の貸借対照表を作成することもあります（図表２－４）。

貸借対照表に示す科目の配列は、「流動性配列法」といって、流動性つまり換金性の高いものから低いものへ順に並べるのが普通です。

しかし、電力会社やガス会社は、流動資産より固定資産の占める割合が高いのが普通です。したがって、これらの業種では、固定性配列法が採用されています。「固定性配列法」は、固定性の高いもの、すなわち容易に現金化されないもの、ないし返済期限の遅いものから順次流動性の高いものへという順序に並べる方法です。

2　貸借対照表によって安全性を見るためには

【1】 主要項目の構成状態を見る

貸借対照表を分析するにあたって、まず最初に行うことは、貸借対照表の主要項目の構成がどのようになっているか（構成状態）を見ることです。そのためには、一般に構成比率を求めて観察します。

貸借対照表の構成比率は、資産合計または負債・資本合計を100％として、それぞれ主要項目の占める割合を求めます。

$$構成比率 = \frac{求めたい項目の数値}{総資本（または総資産）} \times 100\%$$

この構成比率を求めて観察すると、金額だけの場合に比べて分かりやすくなりますし、同一企業の期間比較や同業他社との相互比較にも役に立ちます。

【2】主要項目の"つりあい"を見る

　本書では、以下の説明で各種の比率が登場します。その比率の求め方、読み方、読むときの注意点、企業経営との関連あるいは経営機能との関連事項、改善するためのポイントや改善の方向などを解説しています。また、比率の計算式の後の矢印は、比率の良否を判断するものです。上向きの矢印がついている比率は高いほど良好で、下向きの矢印は低いほど良好であると判断してください。

[1] 支払能力はあるか（その1）[流動比率]

計算式　流動比率 ＝ $\dfrac{流動資産}{流動負債} \times 100\%$　↑

◆読み方

　流動比率は、流動資産と流動負債のつりあいを示し、短期の支払能力を見るための代表的な比率です。この比率は高いほうが支払能力が高いと判断し、200％以上が理想とされています。

◆読むときの注意点

　この比率は、業種や取引先の条件によってかなり見方が異なります。例えば、主要な取引先が官公庁であれば、予定日には確実に入金があります。デパート、スーパーなど流通業や鉄道業ではいわゆる日銭が入ります。また、電力会社やガス会社などでは、使用料が確実に入金になります。したがって、これらの会社では、流動比率が100％以下でもあまり気にしなくてもかまいません。

◆流動性と財務

　流動資産には、短期に現金化が予定されている売上債権や棚卸資産のほかに、現金・預金や有価証券（上場会社の株券）など、支払手段となるものが含まれます。これに対し流動負債は、支払手形、買掛金、

短期借入金など、比較的短期に支払義務が生じるものです。したがって、流動負債の支払いの備えとしては、短期に現金化される流動資産を充てるのが自然な姿といえます。

◆改善するためのポイント
〈効率的な資金調達と運用を〉

資金の調達にあたっては、できるだけ実質金利の低い資金の借入れと、高金利の借入金の返済が大切です。さらに、自ら低コストの資金を市場からいかに調達し、それをいかにして効率的に運用するかがポイントです。今日的には、為替変動による損失を回避したり、グループ内にノンバンクを設立することも多く見受けられるといえます。

〈余裕資金があれば積極的な運用を〉

資金は単に支払手段としてのものでなく、余裕資金の有利な運用を積極的に展開することも大切です。

[2] 支払能力はあるか（その2）**[当座比率]**

計算式　　当座比率 = $\dfrac{当座資産}{流動負債} \times 100\%$ ↑

◆読み方

当座比率は、1年以内に返済しなければならない借金に対して、すぐに現金化できる資産のつりあいを示し、支払能力を見るためのものです。この比率は、一般に100％以上が望ましいとされています。

◆読むときの注意点

この比率を見るとき注意すべきことは、比率が高くても手放しでは喜べないこともあることです。それは、預金がたくさんあっても、すぐに引き出すことのできない拘束性の高い預金があるからです。歩積預金や両建預金などがそれです。貸借対照表上ではこれらの詳細が分かりません。しかし、借金の多い会社は、拘束性の高い預金が多いといえます。

◆**支払能力と財務**

この比率は、流動比率に表れた支払能力を、さらに別の試験法によって確かめるもので、ちょうど化学の酸性実験に類似しているので「酸性試験比率」ともいわれます。

流動比率が良好であっても、流動資産の大半が棚卸資産であるとすれば、必ずしも支払能力があるとはいえません。なぜならば、棚卸資産(製品・商品・原材料・仕掛品・半製品など)は、すぐに現金に換えることができないからです。

◆**改善するためのポイント**

この比率が低いということは、当座資産が少なすぎるか、流動負債が大きすぎるということになります。この際、流動資産が大きすぎれば、長期安定的な資金で賄うべき固定資産を流動負債に頼っている場合が考えられます。そうだとすれば好ましくない状況といえます。

この比率を高めることは、企業の支払能力を高めるために重要なことです。しかし、表面上の数字だけをよくすればいいというものではありません。実質的な支払能力を強化することが重要であり、短期借入金のような金融機関からの借金を小さくするという考え方でこの問題にあたることになります。

そのためには、調達した運転資金が、在庫や売上債権などに固定化しないようにしなければなりません。資金の固定化を回避することがポイントであるといえます。

[3] 設備投資は自前でやっているか **[固定比率]**

計算式　$\text{固定比率} = \dfrac{\text{固定資産}}{\text{自己資本}} \times 100\%$　↓

◆**読み方**

固定比率は、固定資産と自己資本の関係を表す指標です。長期にわ

たって使用する固定資産への投資は、借入金に依存しないでどの程度自己資本で賄っているかを見るためのものです。

◆読むときの注意点

1年以上長期にわたって使用する土地・建物・機械装置などは、返済の必要のない自己資本で調達されることが好ましいといえます。したがって、この比率は100％以下が理想です。しかし、100％以下というのは、一般の会社にとってかなり厳しい尺度といえます。なお、固定資産には、土地・建物・機械装置といった「有形固定資産」だけでなく、関係会社への長期貸付金、出資金、長期保有の投資有価証券などの「投資」、商標権・特許権・施設利用権といった「無形固定資産」も含まれます。

◆設備投資と調達資金の源泉

設備投資に必要な資金のすべてが自己資本で賄われていれば、経営は安定します。だからといって、設備投資は、会社にとって不可欠なものです。設備投資に消極的であるためにこの比率が低くなっているのであれば、好ましいこととはいえません。

固定資産が自己資本の範囲内にとどまっていれば、返済の必要がないわけですから、100％以下が理想です。しかし、実際には、固定資産を自己資本の範囲で賄う会社は少ないといえます。とくに、巨額の設備投資を必要とする装置産業などにおいては、固定比率が100％を大きく上回っています。

◆改善するためのポイント

この比率をよくするための方策は、直接的には固定資産を小さくするか、自己資本を大きくすることになります。企業経営の将来を考えると、この比率のために設備投資を抑えることは好ましくないといえます。したがって、考え方の基本は、自己資本をいかに大きくするかに置かれます。

[4] 設備投資は自前でやって足りない分は長期の借金で賄っているか [固定長期適合率]

計算式 固定長期適合率 ＝ $\dfrac{\text{固定資産}}{\text{自己資本＋固定負債}} \times 100\%$ ↓

◆読み方

固定長期適合率は、設備投資を自己資本と固定負債（長期借入金や社債など）で賄っているかどうかを見るためのものです。

◆読むときの注意点

設備投資を自己資本で賄っているかを見る指標として「固定比率」がありますが、固定長期適合率は、その評価尺度を若干ユルクしたものといえます。

固定比率や固定長期適合率は100％以下が望ましいとされています。しかし、100％を超えていても、とくに問題ではありません。つまり、自己資本では足りずに借金で設備投資をしていても、それが固定負債なら、資金の安定性から見て問題があるとはいえません。

◆設備投資と調達資金の源泉

設備投資は、自己資本で賄うことにこしたことはありません。しかし、借金しないのは理想であっても、実際にはなかなか困難です。借り入れるにしても、資金の回収に長い時間を要する設備に、１年以内に返済期限がくる流動負債をあてたのでは資金繰りを圧迫することにもなりかねません。固定負債であれば１年以内に返済しなくてもすみますので、自己資本で賄いきれないにしても、固定負債という借金なら安定した財源といえます。

◆改善するためのポイント

この比率を低く抑えるためには、固定資産を小さくすることになります。しかし、設備投資の抑制といっても、会社の将来にとっては、好ましくないといえます。したがって、分母の自己資本をできるだけ

大きくし、足りない分は長期安定的な資金にその調達源泉を求めることが望ましいのです。

[5] 借金の程度はどうか [**負債比率**]

> **計算式**　負債比率 = $\dfrac{負債合計}{自己資本} \times 100\%$ ↓

◆読み方

負債比率は、自己資本（正味財産）に対する負債（借金）の割合を示し、低いほどよいと判断します。借金が自己資本以下であれば安全であり、自己資本を超えて大きくなるのは危険だということを示しています。つまり借金の程度を見るものです。

◆読むときの注意点

この比率は、100％以下が理想とされていますが、借金経営の多いわが国企業にとって、100％以下という尺度はあまり現実的ではありません。

この比率は自己資本を分母に適用するので、欠損になると急激に大きくなります。また、卸売業や商事会社などは、一般に他の業種に比べて自己資本の構成が小さいといえます。しかし、この比率が高い（悪い）からといって、安全性が低いことにはなりません。

◆有利子負債の程度と財務安定性

負債比率が高い場合、財務安定性は悪いといえますが、その危険度は負債の中身によっても異なります。負債には、長期・短期の借入金や社債のように利子負担のかかるものと、前受金や未払金といった利子負担のないものもあります。さらに、買掛金や支払手形などの買入債務も直接的には利子負担がかからないものといえます。つまり、財務安定度は有利子負債の割合によって判断すべきで、この割合が高いほど財務面での危険度は高くなります。

◆**改善するためのポイント**

この比率を低く抑えるためには、自己資本を増やし、負債を減らすことはいうまでもありません。会社は好んで借金するわけではありません。大切なことは、借金しなくてもすむ企業体質へ変えることがポイントです。そのためには、資金の固定化をいかに回避するかという考え方が大切です。

なお、この詳細は、次の自己資本比率で説明します。

[6] 財務体質の強弱はどうか [**自己資本比率**]

$$\boxed{\text{計算式}} \quad 自己資本比率 = \frac{自己資本}{総資本} \times 100\% \uparrow$$

◆**読み方**

自己資本比率は、総資本に占める自己資本の割合を表し、財務体質の強弱を見るためのものです。自己資本は、会社に帰属する資本で返済の必要はありません。したがって、この比率は、高いほど財務体質は強固であるといえます。

◆**読むときの注意点**

製造業の自己資本比率の平均値は20％前後と考えてよいでしょう。もちろん業種によっては低い業種もあります。例えば商社などは、10％前後の会社が多いといえます。

この比率が高い会社の多くは、流動資産に資金を固定化させていないといえます。したがって、資金コストが少なくてすむので収益性が高いといえます。

この比率の低い会社は、財務部門だけの問題ではなく、むしろ、経営管理や業務処理に従事している現場の問題であると考えるべきです。つまり、調達した資金が、売上債権や棚卸資産に固定化していることが少なくありません。

◆資金調達と財務

　資金調達手段は、金融機関からの借金だけでなく、株式の上場または増資による自己資本の調達や、社債の発行による他人資本の調達など、さまざまです。

　この資金調達がバランスよくなされているかどうかが大切です。とくに、他人資本に頼りすぎていないかどうか検討する必要があります。他人資本（借金）の中には、資金の固定化から生じた資金不足を補うといった消極的な場合も少なくありません。このような借金は、会社の成長にも収益にもまったく結びつかず、単に金利負担による収益の悪化と財務体質の弱体化を招くばかりです。したがって、自己資本経営に対する意識を高めることが重要です。

◆改善するためのポイント

　財務体質強化のためのポイントは次のとおりです。

- 高い収益力を有すること（力をつける）
- 量より質を重視の経営姿勢をもつ
- 内部留保を厚くする（自己資本の充実）
- 流動資産への資金の固定化を回避する（ゼイ肉落とし）

　調達した資金は、売上債権（受取手形・売掛金）や棚卸資産（製・商品、原材料、仕掛品など）に固定化することが多いのが実状といえます。これらを減少させることにより資金の固定化を回避することが重要です。

　そのためには、売上債権の回収強化や在庫圧縮によって資金を流動化し、その流動化した資金を借金返済に充当するのです。つまり、財務体質強化（自己資本比率の向上）のためには、ゼイ肉を落として資金をウカセ、ウイた資金で借金を返すという考え方が重要になってきます。

　なお、その詳細については、次項で解説します。

【3】財務体質を強化するためには

[1] 財務体質への関心を高めよう

　われわれの身体にも体質があるように、個々の企業にもその企業特有の体質があります。これは、長年の経営活動を通じて培われてきたものです。

　企業体質には、組織風土、従業員のモラール、経営者の手腕など、いわゆるヒューマン・サイドの体質と、資本構成から見た体質（財務体質）や費用構成から見た体質といったように定量的にとらえられる体質があります。

　各企業が持っている体質の相違は、それぞれの企業がこれから打つべき手や、とるべき重点政策の相違となって現れてきます。

　体質は、すぐに変えることができませんので、短期的には、与えられたものとしての最適化を図り、長期的には、それをより好ましいものへと改善していかなければなりません。

　厳しい経済環境の中における企業にとって、財務体質の強化は必要不可欠な課題であるといえます。財務体質の強固な会社は、不況時でも十分抵抗力を持ち、好況時には高い利益が上げられるのです。

[2] 財務体質のとらえ方

　企業の財務体質の強弱を見るには、自己資本比率があります。すでに前項で見たように、この比率は、総資本に対する自己資本の割合で求められます。この比率が高いほど財務体質は強固であるといえます。

[3] 自己資本経営をめざせ

　わが国の企業のほとんどは借金経営です。経営活動に必要な資金を借入金に依存しているので、金融情勢の厳しい折には苦しく、金利負担分だけ収益力も小さくなります。

一方、実質的無借金ないしはそれに近い会社は、資金調達力にも優れ、金利負担がないだけ収益力も大きく、しかも安全性が高いといえます。さらに、無借金経営の会社は、資金力を競争力に生かせるという強みを持っています。

　好んで借金をする会社はありません。しかたなく借金をするのです。しかし、その借金の性格には2つあります。1つは、設備投資などに充てられ積極的な意味をもつ借金です。もう1つは、管理の不具合によって資金が固定化し、運転資金不足を補うといった借金です。

　後者のように、借金の中には、資金の固定化から生じた資金不足を補うといった消極的な機能を果たしている場合も少なくありません。このような借金は、会社の成長にも収益にも全く結びつかず、単に金利負担による収益の悪化と抵抗力の弱体化を招くばかりです。したがって、企業は、今後も一層、自己資本経営に対する意識を高めることが重要であるといえます。

[4] 財務体質を強化するためには

　財務体質を強化するためには、次の事項がポイントになります。

　①高い収益力を有すること（力をつける）

　まず高い収益を上げて、徐々に力をつけることが大切です。

　②量より質を重視した経営姿勢をもつ

　売上をいくら増やしても、利益の伴わない売上では意味がありません。売上高の絶対額重視の政策よりも、大きな利益獲得のための政策を確実に実施することが必要です。

　③内部留保を厚くする（自己資本の充実）

　株主にとって高い配当は魅力です。また、社員にとって給料やボーナスは多いにこしたことはありません。しかし、会社の儲けは、会社の長い将来を考えた場合、できるだけ内部へ蓄積することも忘れてはなりません。

④流動資産への資金の固定化を回避する（ゼイ肉落とし）

借金したお金は、売上債権（受取手形・売掛金）や在庫品に固定化することが多いものです。これらを減少させることによって、資金の固定化を回避することが重要です。

図表2－5に示すように、売上債権の回収強化や在庫の圧縮（ゼイ肉落とし）によって資金を流動化（ウカせる）します。そして、その流動化した資金を借金の返済に充当するのです。

つまり、財務体質を強化するためには、「ゼイ肉を落として資金をウカせ、ウイた資金で借金を返す」の考え方が大切です。

図表2－5　ゼイ肉落としの着眼点

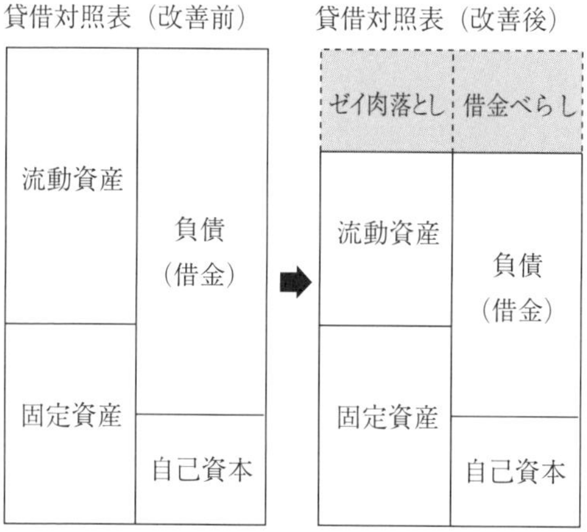

貸借対照表（改善前）		貸借対照表（改善後）	
		ゼイ肉落とし	借金べらし
流動資産	負債 （借金）	流動資産	負債 （借金）
固定資産	自己資本	固定資産	自己資本

⑤増資を行う

増資をすれば、自己資本の絶対額が増えるので自己資本の充実になります。確かに具体的方策の1つであるといえます。しかし、増資といえども配当金といった資金コストを要するので、最善策ではないことに注意しなければなりません。

⑥遊休資産を売却する

　遊休資産を処分して身軽になる手もありますが、これはむしろ最後の手段としてとっておくべき方策の1つです。会社は最初から遊休資産を買ったわけではありません。遊んでいるから遊休資産といっているのです。手放す前に、有効活用できないか、いま一度検討すべきです。

第3章

収益性の分析

1 損益計算書の基本

【1】損益計算書のしくみ

　企業の収益性を見るには、営業成績を示す損益計算書の分析がその中心になります。分析のしかたについては、後で説明することにして、まず損益計算書のしくみについて見ておきましょう（図表3－1）。

図表3－1　損益計算書のしくみ

費用	売上原価	収益	売上高　他
	販売費一般管理費		
	営業外費用		
当　期　利　益		営業外収益	

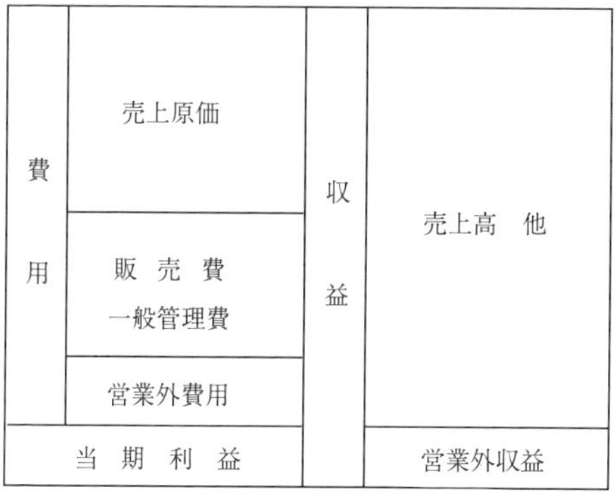

損益計算書の右側（貸方）には、企業活動によって得た収益が示されます。また、左側（借方）には、収益を獲得するために要した費用が示されます。したがって、当期の収益から当期の費用を差し引いた残額が当期利益になります。収益はできるだけ多く、費用はできるだけ少ないほうが利益が多くなるというわけです。

当期収益－当期費用＝当期利益

損益計算書の様式を例示すると、図表3－2のようになります。

図表3－2　損益計算書の様式

損益計算書　　○○株式会社
（自　××年4月1日）
（至　××年3月31日）　（単位：百万円）

科　目	金　額
経常損益の部	
〔営業損益の部〕	
営　業　収　益	
売　上　高	XX,XXX
営　業　費　用	
売　上　原　価	XX,XXX
販売費および一般管理費	X,XXX　XX,XXX
営　業　利　益	
〔営業外損益の部〕	
営　業　外　収　益	
受　取　利　息	XXX
受　取　配　当　金	XXX
そ　の　他	XXX　X,XXX
営　業　外　費　用	
支払利息および割引料	X,XXX
そ　の　他	XXX　X,XXX
経　常　利　益	
特別損益の部	
特　別　利　益	
固定資産売却益	XXX　XXX
特　別　損　失	
固定資産売却損	XXX
投資有価証券評価損	XXX　XXX
税　引　前　当　期　利　益	X,XXX
法　人　税　お　よ　び　住　民　税	X,XXX
当　期　利　益	X,XXX
前　期　繰　越　利　益	X,XXX
中　間　配　当　額	XXX
利　益　準　備　金　積　立　額	XXX
当　期　未　処　分　利　益	X,XXX

左側の注記：
- 売上高と売上原価、販管費を対比した損益が示される
- 本来の営業活動の結果得た利益
- 主として財務上の損益がここに示される
- 会社の経常的な活動による利益（期間の儲け）
- 経常以外の損益で特別のものをこの区分の中で表示する
- 税引前の当期利益
- 税引後の当期利益
- この利益が株主総会で剰余金処分の対象となる

右側の注記：
- 売れた製品・商品の製造や仕入れにかかった費用
- 売上高から売上原価を差し引いて売上総利益（粗利益）を表示することもある
- この中身は人件費や広告宣伝費、交際費、減価償却費といったように細かく分けて別途に明細表が作成される

例示の損益計算書から分かるように、収益を売上高、営業外収益、特別利益の３つに区分します。費用については、売上原価、販売費および一般管理費、営業外費用、特別損失の４つに分けます。
　この３つの収益と４つの費用を上から下へと並べ、見やすくまとめたものが、一般によく用いられている「**報告式**」の損益計算書です。損益計算書の様式には、図表３－１に掲示したように、右側に収益を左側に費用と利益を示す左右両欄式の「**勘定式**」もあります。しかし、営業損益、営業外損益、特別損益は流れとしてつかみにくいので、報告式が広く用いられています。
　さて、損益計算書は上から下へと見ていきます。営業損益の部ではまず、会社本来の目的である営業活動によって得た営業収益である売上高が示されます。さらに、営業費用である売上原価、販売費および一般管理費（略して販管費という）などを示し、営業活動の成果が分かるようになっています。
　次に、営業外損益の部では、財務活動などによって生じた営業外収益と営業外費用が示されているので、営業外活動の巧拙が分かります。
　さらに、特別損益の部では、毎期必ずしも発生するとは限らない臨時的な経常外活動の結果である特別利益と特別損失を加味して表示しているわけです。

【2】損益計算書の様式

　損益計算書のしくみについては、少し理解が深まってきたと思われます。ところで、前項で示した損益計算書は、かなり集約して表示している部分があります。それは、「販売費および一般管理費」です。
　会社で発生する費用には、例えば給料や旅費交通費、また広告宣伝のための費用もあるでしょうし、電気代、ガス代、水道料、それに事務用の文房具の費用などもあります。

図表3−3 損益計算書の様式（報告式）

損 益 計 算 書（第21期）

㈱能率機械製作所

　　　　　××年4月1日～××年3月31日　　　（単位：百万円）

Ⅰ	純売上高			
	1 総売上高		2,660	
	2 売上値引戻り高		50	
	差　引			2,610
Ⅱ	売上原価			
	1 期首製品棚卸高		310	
	2 当期製品製造原価		2,265	
	合　計		2,575	
	3 期末製品棚卸高		(−) 500	(−) 2,075
	売上総利益			535
Ⅲ	販売費および一般管理費			
	1 給料・手当		104	
	2 福利厚生費		20	
	3 荷造運送費		27	
	4 広告宣伝費		14	
	5 交際費		15	
	6 旅費交通費		22	
	7 通信費		14	
	8 賃借料		24	
	9 特許使用料		4	
	10 租税公課		15	
	11 保険料		11	
	12 減価償却費		37	
	13 雑費その他		12	(−) 319
	営業利益			216
Ⅳ	営業外収益			
	1 受取利息・配当金		13	
	2 雑収入その他		7	(＋) 20
Ⅴ	営業外費用			
	1 支払利息・割引料		91	
	2 雑費その他		12	(−) 103
	経常利益			133
Ⅵ	特別利益			
	1 固定資産売却益他		11	(＋) 11
Ⅶ	特別損失			
	1 固定資産売却損他		4	(−) 4
	税引前当期利益			140
	2 納税充当額			(−) 67
	当期利益			73

これらが販売費および一般管理費ですが、これほど細かく、項目の多いものを損益計算書の販管費の項目でひとつかみに見たのでは、大ざっぱすぎます。そこで、あなたが今後目にする損益計算書は、図表3－3に示すようなものが多いと思います。

2　損益計算書によって収益性を見るためには

【1】売上高と利益の割合を見る

　損益計算書を分析するにあたって、まず最初の手順は、売上高と利益の割合を見ることです。売上高は、総売上高から売上値引や売上返品などを差し引いた純売上高です。利益には、売上総利益、営業利益、経常利益などがあります。売上高に対して、これらの利益の割合を見ることによって、「製品・商品の収益力」「営業の収益力」さらに「財務収支の状況」などが分かるのです。

　売上高と利益の割合を見るための代表的な比率として、売上高総利益率、売上高営業利益率、売上高経常利益率がありますが、これらの求め方、読み方、読むときの注意点、改善するためのポイントなどについて説明しましょう。

[1] 製品・商品の収益力はどうか **[売上高総利益率]**

> **計算式**　売上高総利益率 ＝ $\dfrac{売上総利益}{売上高} \times 100\%$　↑

◆読み方

　売上高総利益率は、売上高に対する売上総利益（粗利益）の割合を

示す比率で、「粗利率（あらりりつ）」ともいいます。この比率は高ければ高いほどよく、利益の源泉が豊富かどうかを見るメヤスになります。また、この比率によって製品や商品の収益力を知ることができます。この比率が高いということは、取扱製品や商品の収益力が高いことを意味します。

◆読むときの注意点

この比率は、売上高と売上原価の大きさから影響を受けます。製造業では製造活動、商業では仕入活動の効率の良否が影響します。また、製品や商品をどのように組み合わせるか（これをプロダクト・ミックスという）によっても影響を受けます。さらに、製品や商品の在庫ロスや陳腐化などの影響も受けます。したがって、この比率の低下は、製造活動または仕入活動の効率悪化が原因であるといえます。また、製品・商品の組み合わせの変化があったのではないか、在庫ロス、陳腐化があったのではないかといった具合に推測することも大切です。そして今後の実態調査によって本当の原因・背景をさぐり、その原因・背景の対策を講じます。

◆販売部門の分社化と指標の関係

この比率は、事業特性や業種業態によって大きく影響を受けます。例えば、販売部門を分社化している会社の場合には、販売促進費や販売活動費は少なくてすむので、分社化した販売会社に対する本社からの販売価格を低くすることができます。

一方、販売会社のほうでは、販売促進費や販売活動費、荷造運送費などの負担が大きくなるため、それらの費用負担を考慮して販売価格を設定します。

このような理由で、販売部門を分社化している企業のほうが、販売機能が自社で完結している企業に比べると、売上高総利益率は低くなる傾向にあるといえます。

◆改善するためのポイント

売上高総利益率を改善するために、原価、売値、在庫ロスなどに適

切な対応策を講じる必要があります。原価については、商業の場合は仕入原価引下げのための対応を、製造業の場合はＶＥ活動の推進による組織的なコストダウンが決め手となります。

また、売値は、商品力や価格政策に関わりがあります。売上を増やすために値引などを行えば、売上高総利益率は低下します。さらに、在庫ロスの削減や陳腐化の防止なども改善のポイントになります。

[2] 営業の収益力（営業活動の効率）はどうか
[売上高営業利益率]

> 計算式　売上高営業利益率 ＝ $\dfrac{営業利益}{売上高}$ × 100％ ↑

◆**読み方**

売上高営業利益率は、売上高に対する営業利益の割合を示す比率で、本来の営業活動の効率を見るためのもので、高いほどよいと判断します。営業利益とは、売上高から売上原価と販売費および一般管理費（販管費）を差し引いて求めたものです。

◆**読むときの注意点**

この比率は、単独ではなく売上高総利益率（粗利率）と関連させて見なければなりません。例えば、売上高総利益率が高くても売上高営業利益率が低ければ、それは販売費および一般管理費の増大が原因であるといえます。

◆**営業活動との関係**

この比率は、営業活動で発生する営業経費によって影響を受けます。例えば、営業活動を積極的に展開しようとすれば、それにともない営業経費が増大し、営業経費を抑えようとすると、売上高にとって好ましくない影響が生じやすいといえます。この比率は業種・業態によって差があり、同業種でも営業政策の違いにより差がでてきます。

◆改善するためのポイント

　売上高営業利益率は、売上高総利益率によって最も大きな影響を受けますが、改善するためのポイントは、金額的に大きなウエイトを占める販管費（営業経費）に関心を払うことです。

　ただし、あまり短絡的に費用の削減策を講じないよう留意することも必要です。業務自体の中の問題を発見し、その問題解決のために業務効率化を図るという観点からの改善策が先決であるといえます。

[3] 会社の収益性（期間の儲け）はどうか
[売上高経常利益率]

> **計算式**　売上高経常利益率 ＝ $\dfrac{経常利益}{売上高}$ × 100% ↑

◆読み方

　売上高経常利益率は、売上高に対する経常利益の割合を示し、会社の収益性（期間の儲け）の程度が分かります。経常利益は、営業利益に営業外収益を加え、それから営業外費用を差し引いたものです。

　営業外収益とは、主として金融収益のことで、受取利息、配当金、有価証券売却益などのことです。一方、営業外費用とは、主として金融費用のことで、支払利息割引料、有価証券売却損などのことです。

◆読むときの注意点

　この比率は高ければ高いほどよいといえます。しかし、この比率を単独に取り上げるのではなく、その良否を検討する場合には、売上高総利益率や売上高営業利益率と相互に関連させながら観察しなければなりません。

　例えば、売上高総利益率と売上高営業利益率にはとくに問題がないのに、売上高経常利益率が悪い場合があります。これは、運転資金不足によって借金に大きく依存したため、金融費用が増大し、経常利益

を圧迫している状態といえます。

◆指標と財務体質の関連

　売上高経常利益率は、企業の財務体質との関連があります。自己資本で多くを賄っている企業の場合には、資金コストは小さく余裕資金の運用益が期待できるので、営業外収支はプラスとなります。そのため、売上高経常利益率が売上高営業利益率より高くなることが多いといえます。

　一方、必要な資金の多くを他人資本に依存している企業の場合には、資金調達に要するコストが大きく、余裕資金の運用益が期待できないため、営業外収支はマイナスとなります。したがって、売上高経常利益率は売上高営業利益率よりも低くなることが多いといえます。

◆改善するためのポイント

　営業利益が変わらない場合で、この比率を高めるための方策は、資金調達コストの低減ということになります。しかし、簡単に借入金や手形の割引高を小さくすることはできません。大切なことは、その原因である資金の固定化を回避することがポイントとなります。

　余分な在庫を抱えたり、売上代金の回収が悪化すると、その分だけ多くの資金が固定化します。また、設備の稼働率が低いのも、そこに余分に資金が固定化していることになります。これらが多くの資金を必要とする要因であり、結果として資金コストが多くかかることになるのです。したがって、その低減に向け、資金が多く固定化している状況を明らかにし、改善の手を打つことが大切です。

【2】売上高と費用の割合を見る

　前項で、売上高と利益の割合を見ましたが、利益と費用は表裏の関係にあります。したがって、費用比率に触れないで利益率だけを取り上げても意味がありません。実際の場合は、売上高利益率と費用比率は同時並行的に分析を進めますが、ここでは、売上高利益率に次いで、

売上高費用比率を見ておきましょう。なお、比率の後の矢印は下向きです。低いほど（または小さいほど）良好と判断してください。

[1] 仕入れや製造活動の効率はどうか **[売上原価率]**

> **計算式** 売上原価率 ＝ $\dfrac{売上原価}{売上高} \times 100\%$ ↓
>
> ＝（1－売上高総利益率）× 100%

◆読み方

売上原価率は、売上高と売上原価の割合を示す比率で、業種によってかなり差があります。一般には売上原価率が下がれば、売上高総利益率（粗利率）は高くなりますので、一応低下するほうがよいと判断します。この比率は、売上高総利益率と表裏の関係ですから、一方が分かれば他方は間接的に求めることができます。

◆読むときの注意点

売上原価の構成は、製造業と商業（卸売業・小売業）では次のように異なりますので、この比率の見方も違います。

製造業の売上原価とは「売れた製品の製造原価」のことです。一方、商業の売上原価は「売れた商品の仕入原価」のことです。

◆売上原価とは

売上原価は図表3－4のようにして求めますが、製造業の場合、売上原価の主なものは製品製造原価ということになります。これは、図表3－5のように「製造原価明細書」に示され、原材料費、労務費、製造経費からなっています。

◆改善するためのポイント

製造業では、売上原価率が大きく変化したときは、製造原価明細書によってその原因を確認しなければなりません。このために、次の2つの比率を求め改善の手掛かりをつかみます。

〈売上高に占める原材料費の割合を見る〉

$$売上高原材料費比率 = \frac{原材料費}{売上高} \times 100\%　↓$$

　この比率は、売上高に占める原材料費の割合を示すもので、売上の伸び以上に原材料費が増えていないか、その傾向をとらえる際に用います。もし、この比率が年々高くなっていれば、その原因・背景に対して改善の手を加えなければなりません。

〈売上高に占める労務費の割合を見る〉

$$売上高労務費比率 = \frac{労務費}{売上高} \times 100\%　↓$$

　この比率は売上高に占める労務費の割合を示すものです。分子の労務費は製造原価明細書の賃金・給料・手当、福利厚生費などを合算します。

図表3-4　売上原価とは

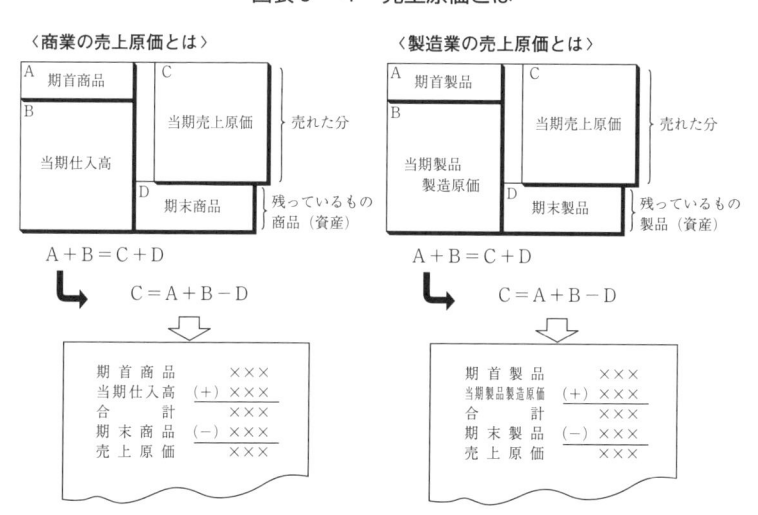

〈商業の売上原価とは〉

A 期首商品
B 当期仕入高
C 当期売上原価 }売れた分
D 期末商品 }残っているもの 商品（資産）

A＋B＝C＋D

↳　C＝A＋B－D

```
期 首 商 品      ×××
当期仕入高   (＋) ×××
合    計        ×××
期 末 商 品   (－) ×××
売 上 原 価      ×××
```

〈製造業の売上原価とは〉

A 期首製品
B 当期製品製造原価
C 当期売上原価 }売れた分
D 期末製品 }残っているもの 製品（資産）

A＋B＝C＋D

↳　C＝A＋B－D

```
期 首 製 品           ×××
当期製品製造原価   (＋) ×××
合    計             ×××
期 末 製 品       (－) ×××
売 上 原 価           ×××
```

図表３−５　製造原価明細書の様式

製造原価明細書（第21期）

㈱能率機械製作所
　　　　　××年４月１日～××年３月31日（単位：百万円）

原　材　料　費

期首原材料棚卸高	62
当期原材料仕入高	958
（　小　　計　）	1,020
期末原材料棚卸高	(−) 71
主 原 材 料 費	949
補 助 材 料 費	135
原材料費計	1,084 ………(1)

労　　務　　費

賃金・給料・手当	460
福 利 厚 生 費	78
労　務　費　計	538 ………(2)

経　　　　費

外 注 加 工 費	470
消耗工具器具備品費	31
工 場 消 耗 品 費	15
水 道 光 熱 費	65
保　　険　　料	6
減 価 償 却 費	100
雑 費 そ の 他	11
経　費　計	698 ………(3)
当期製造総費用	2,320 ……(1)+(2)+(3)
期首仕掛品棚卸高	180
（　小　　計　）	2,500
期末仕掛品棚卸高	(−) 235
当期製品製造原価	2,265

[2] 売上高に占める主要費用の割合を見る
[売上高主要費用比率]

> **計算式**　売上高主要費用比率 = $\dfrac{\text{算出したい費用科目}}{\text{売　上　高}} \times 100\%$ ↓

◆読み方

売上高営業利益率について、さらにその詳細を分析する場合に使われるのが、売上高主要費用比率です。

例えば、売上高営業利益率が年々低下しているといった場合には、販売費および一般管理費の中で、金額的に大きなウエイトを占める費用科目との対比が大切です。例えば、人件費・荷造運送費・研究開発費・通信費・旅費交通費などです。

◆読むときの注意点

売上高の伸び以上にこれらの費用が増大傾向にあるときは、直ちに該当する費用の引き下げ策を講じるといった考え方は短絡的であり、決して問題の本質的な解決に有効とはいえません。その好ましくない現象が起きている原因・背景に解決策を講じなければなりません。

◆費用科目の機能別分類をする

主要な費用の対売上高比率を算出して、経営上の問題を把握するとき重要なことは、費用の科目を機能や目的を主軸にして、ある程度集約してとらえることです。

例えば、荷造梱包費と運搬費を物流費、広告宣伝費と交際費を一緒にして販促費としてとらえるといった具合です。集約するのに多少の手間がかかりますが、こうすることによって業務とのつながりが明確になってくるといえます。

◆改善するためのポイント

分析の結果、費用の対売上高比率が上昇している場合、直ちに該当する費用の引き下げといったアプローチは、抜本的な解決に有効であ

るとはいえません。

大切なことは、費用の増加した原因、つまり、費用を投じたにも関わらず売上の増大に結びつかない原因・背景を明らかにし、それら原因・背景に改善の手が打てるようにしなければなりません。

例えば、荷造運送費が増えた場合、転配送が効率的でない、遠隔地の得意先が増えた、小口の得意先が増えたといったことが原因であることが少なくありません。このような原因であれば、物流システム効率化のための業務システムの改善がポイントとなります。

[3] 売上高に占める金融費用の割合を見る
[売上高金融費用比率]

計算式 売上高金融費用比率 $= \dfrac{金融費用}{売上高} \times 100\%$ ↓

◆読み方

売上高金融費用比率は、売上高に対する金融費用の割合を示すものです。金融費用とは、外部から調達した資金に対して払った金利、つまり資金コストのことです。例えば、銀行からの借入金に対する支払利息や手持ちの手形を割引いたときの割引料、さらに、得意先から代金を約定より早く回収したことによって生じる売上割引などです。

◆読むときの注意点

これら金融費用の増大は、期間の儲けである「経常利益」を圧迫する要因となります。金融費用の増大は、経理や財務部門の資金調達に問題があるというよりも、調達した資金が固定したことによって、必要な資金の多くを他人資本に依存するようになったのではないか、と考えるべきです。

◆企業経営との関係

売上高金融費用比率は、低ければ低いほどよいということになりま

す。とくに、会社が必要とする資金の多くを他人資本（借金）に依存している企業では、資金コストを中心にしたいわゆる金融費用の負担が重要な問題となります。したがって、借金をしなくてもすむ企業体質への改善が課題といえます。

◆**改善するためのポイント**

売上高金融費用比率を改善するためには、資金コストが発生するような資金調達源泉からの資金調達を減らすことです。そのためには、資金の固定化を回避することが必要です。調達した資金が、流動資産に固定化していることも少なくありません。したがって、調達した資金を売上債権や在庫などに固定化（ネムらせない）しないようにして、金利負担をできるだけ軽減しなければなりません。

【3】決算書と諸比率の関連

本書では、はじめに貸借対照表を、次いで損益計算書の見方を取り上げました。しかし、両者は密接な関係にありますので、個々別々に取り上げるだけでは不十分です。損益計算書の分析は収益性を知るのに重要ですが、それがすべてではなく、貸借対照表と結びつけて観察する必要があります。損益計算書には、売上、費用、利益は示されていますが、どれだけの資本によったかは、貸借対照表を見なければなりません。

一方、貸借対照表の分析は、安全性や支払能力を知るのに重要ですが、さらに損益計算書と関連づけて見れば、より有用な判断の手掛かりが得られます。例えば、売上債権、棚卸資産、固定資産などは、売上高と関連づけて見れば、それらの保有量の適否が分かるのです。

これまで、各種の財務比率を見てきました。しかし、個々の比率の意味は理解できても、それぞれの比率間の関係や、全体と個々の比率の関係がはっきりしないということになりがちです。そこで、これま

で取り上げてきたことと、これから取り上げることを、図表3－6によって説明します。

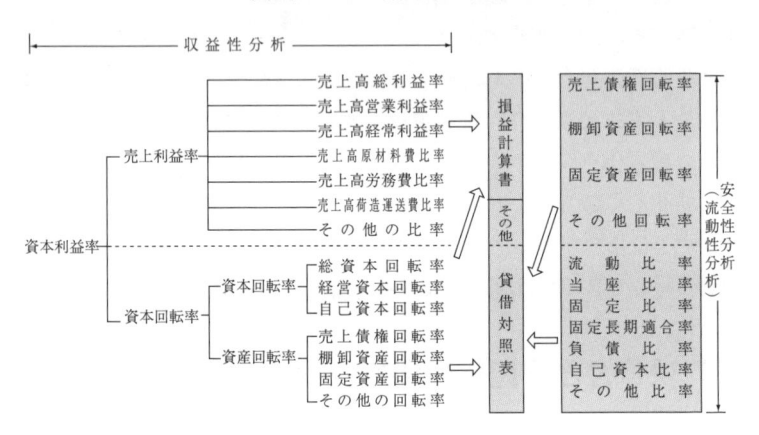

図表3－6　諸比率の関連

```
                         ┌ 売上高総利益率  ┐        ┌ 売上債権回転率 ┐
                         ├ 売上高営業利益率 │ 損      ├ 棚卸資産回転率 │
              ┌ 売上利益率┼ 売上高経常利益率 │ 益      ├ 固定資産回転率 │ 安
              │          ├ 売上高原材料費比率│ 計      └ その他回転率  │ 全
              │          ├ 売上高労務費比率 │ 算                       │（
              │          ├ 売上高荷造運送費比率│ 書     ┌ 流 動 比 率  │ 流
 資本利益率 ──┤          └ その他の比率   ┘         ├ 当 座 比 率  │ 動
              │                             その他    ├ 固 定 比 率  │ 性
              │          ┌ 総 資 本 回 転 率┐         ├ 固定長期適合率 │ 分
              │ ┌ 資本回転率┼ 経営資本回転率 │ 貸      ├ 負 債 比 率  │ 析
              └─┤          └ 自己資本回転率 │ 借      ├ 自己資本比率  │ ）
                │          ┌ 売上債権回転率 │ 対      └ その他比率   ┘
                │          ├ 棚卸資産回転率 │ 照
                └ 資産回転率┼ 固定資産回転率 │ 表
                           └ その他の回転率 ┘
|─────────── 収 益 性 分 析 ───────────|
```

この図表の左半分のツリー状の部分は、収益性を見るのに必要な比率を収めています。右側の囲みは、安全性または流動性を見るのに必要な比率を収めています。そして、図表の中央には分析資料を掲げています。

はじめに貸借対照表を取り上げましたが、それは図表の安全性分析の下半分です。次いで損益計算書を取り上げたのは、ツリー状の資本利益率を除いて上半分です。これからは、資本利益率を含む下半分と、安全性分析の上半分について取り上げます。

【4】資本利益率の意味とその重要性

企業活動の効率を見るときその中心となる資料は、貸借対照表や損益計算書といった決算書です。

企業の収益性を見るには、両者を結びつけて観察しなければなりません。このことによって、より適切な分析ができ、企業の業績を評価するときの有用な指針が得られます。

　さて、有用な指針とは、「**資本利益率**」のことです。資本利益率は、たくさんある財務比率の中で最も重要な比率といえます。

　資本利益率とはどのような比率かを考えるにあたって、A社とB社の比較をしてみましょう。例えば、あなたの仕事上関係ある会社で、A社とB社の次の数字が得られたと仮定しましょう。

	［A社］	［B社］
売上高	100（億円）	400（億円）
総費用	90	360
経常利益	10	40

　これだけの数字で両社を比較するのは少し乱暴かもしれませんが、ひょっとすると、"売上高や利益額は大きいほうがよいのでB社のほうがよい会社だ"と判断したかもしれません。しかし、売上高に対する経常利益の割合は、A社、B社ともに10％なので優劣をつけられません。つまり、"儲けの程度は同じ"といえます。

　儲けの程度は、A社、B社ともに同じだということは分かったのですが、会社全体の効率（業績の良否）を知りたくありませんか。そのためには、それぞれの総資本（会社が使ったカネ）はいくらかを知る必要があります。

　経営活動に必要なカネは、資本金として株主の払い込みによって調達されます。さらに、銀行からは借金として、仕入先からは買掛金（ツケで仕入れたときの未払金）などの形で調達されます。このように調達されたカネは、いろいろな形で経営活動に運用されます。

【5】資本利益率のいろいろ

資本利益率は、資本に対する利益の割合のことで、この比率は高いほどよいと判断します。

$$資本利益率 = \frac{利 \ 益}{資 \ 本} \times 100\% \ \uparrow$$

資本利益率といっても、分子の利益、分母の資本にどのような項目を適用するかが問題になります。

分子の利益には、図表3-7に示すように、

① 売上総利益（粗利益）
② 営業利益
③ 経常利益

などが考えられます。

また、分母の資本には、図表3-8に示すように、

① 総資本（総資産）
② 経営資本
③ 自己資本
④ 資本金

などが考えられます。

さて、あなたは、分子と分母の項目に何を適用しますか。

これは、分析者によって異なりますが、利益には「経常利益」を、資本には「総資本」を適用するのが最も好ましいと思われます。

したがって、資本利益率といった場合には「**総資本経常利益率**」のことだと理解してください。「総資本経常利益率」は、企業活動全体の効率（会社の業績の良否）を示す総合指標です。

図表3-7 利益の種類

損益計算書

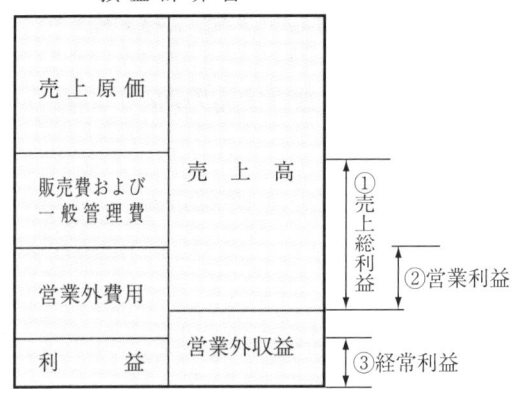

売上原価	売上高	①売上総利益
販売費および一般管理費		②営業利益
営業外費用	営業外収益	③経常利益
利　益		

図表3-8 資本の種類

貸借対照表

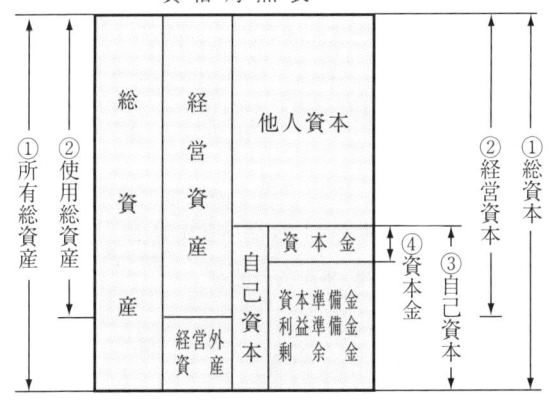

	総資産	経営資産	他人資本		
			自己資本	資本金	④資本金
		経営外資産		資本準備金 利益準備金 剰余金	

①所有総資産
②使用総資産
①総資産
②経営資本
③自己資本

3 資本利益率を分解して改善の手掛かりをつかむ

[1] 会社の業績の良否（会社全体の効率）はどうか
[総資本経常利益率]

計算式　　総資本経常利益率 = $\dfrac{経常利益}{総資本} \times 100\%$ ↑

◆読み方

総資本経常利益率は、総資本に対する経常利益の割合を示すものです。総資本は企業が経営活動に投下したすべての資産を表し、経常利益が当期の儲けを表していることから、企業業績（会社全体の効率）を総合的に分析評価するための、最も重要な指標の1つとされています。

◆読むときの注意点

この比率が良好であれば問題はないのですが、年々悪化の傾向にあったり、前期に比べ著しく低下（悪化）している場合、その原因を探って、どのような改善措置を講じたらよいかの手掛かりをつかまなければなりません。

そこで、総資本経常利益率は、「売上高経常利益率」（売上高当たりの収益性）と、「総資本回転率」（資産の利用効率）に分解して、それぞれについて分析を進める必要があります。

$$\underset{(総資本経常利益率)}{\dfrac{経常利益}{総資本}} = \underset{(売上高経常利益率)}{\dfrac{経常利益}{売上高}} \times \underset{(総資本回転率)}{\dfrac{売上高}{総資本}}$$

　　　⇩　　　　　　　　⇩　　　　　　　　⇩
　業績の良否　　　売上高当たりの収益性　　資産の利用効率

◆**企業経営との関連**

　総資本経常利益率は、企業の業績を総合的に評価するために最も重要な指標ともいえます。この指標を長期経営計画や中期経営計画の達成目標としての意味をもたせている企業も多いといえます。そのような企業では、この総資本経常利益率について設定した目標の達成に向けて経営資源を配分し、事業展開をしています。

◆**改善するためのポイント**

　総資本経常利益率を高めるためには、分子の経常利益を大きくすることはもちろんですが、投入する総資本（総資産）をいかに小さくしてそれを実現するかがポイントになります。

　そのためには、できるだけ少ない経営資源で大きな成果（業績の向上）を出すためのしくみの構築が必要です。売上債権（受取手形や売掛金）や棚卸資産（在庫）に資金を固定化させないことです。また、設備などの資産は、それに対する投資額が大きいことに意味があるのではありません。現有設備の有効活用や他社の経営資源の有効活用（アウトソーシング：outsoucing）、そして経営資源の共同利用（コソーシング：co-souscing）などに重点を置いた考え方も大切になってきます。

【1】資本回転率とは何か

　経営分析でいう資本回転率には、いろいろな種類のものがありますが、その求め方や見方を説明する前に資本回転率とは何かについて見ておきましょう。

　あなたの会社もそうであるように、会社の活動は、自己資本、他人資本を問わず、まず、カネ（資金）を調達して、生産・販売設備を用意し、原材料や労働力などに資金を投じます。さらに、販売によって資本を回収し、回収した資本を再びこのような企業活動に投下すると

いう回転を繰り返しています。

　資本回転率とは、売上高と使ったお金（投下運用された資本）との割合のことをいい、資本の活動性・資本の回収速度を示すものです。資本回転率（総資本回転率）は、資本利益率（総資本経常利益率）の構成要素なので、資本回転率の高低は資本利益率に大きく影響を及ぼします。したがって、この資本回転率によって「資産の利用効率」を見ることは、企業の収益性分析をする際に極めて重要です。

　資本回転率は、次のように、企業に投下された資本が1年間の売上高として何回回収されたかを示します。つまり、この比率は、資本の回収速度、または資本の利用度を表すもので、高ければ高いほどよいと判断します。

$$資本回転率 = \frac{売上高（年額）}{資本}（回）\quad ↑$$

　資本回転率の高さは、業種や規模によって異なります。例えば、商業（卸売業・小売業）は製造業に比べて高く、製造業でも中小企業が大企業に比べて高いといえます。

【2】資本回転率のいろいろ

　資本回転率では、分母にどのような資本または資産をとるかによって、いろいろな種類があります。主な資本回転率を掲げると、図表3－9のようになります。

　それぞれのつながりを正しく把握し、理解を深めてください。とくに上位と下位の関係が大切です。ここでは、重要な回転率に的を絞って説明します。

図表 3 – 9　資本回転率の種類

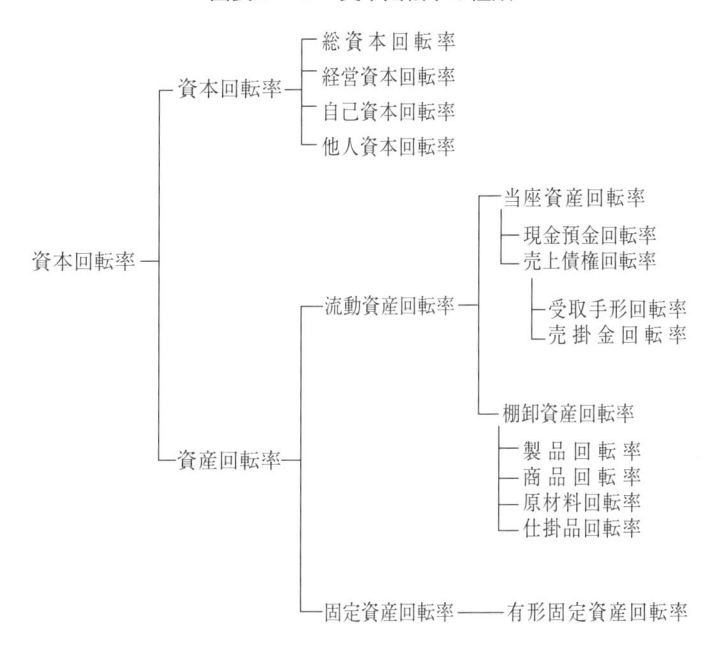

```
                    ┌─ 総資本回転率
         ┌─ 資本回転率 ┬─ 経営資本回転率
         │          ├─ 自己資本回転率
         │          └─ 他人資本回転率
         │
         │                      ┌─ 当座資産回転率
         │                      ├─ 現金預金回転率
         │                      ├─ 売上債権回転率
         │                      │   ┌─ 受取手形回転率
資本回転率 ─┤         ┌─ 流動資産回転率┤   └─ 売掛金回転率
         │         │            │
         │         │            └─ 棚卸資産回転率
         │         │                ┌─ 製 品 回 転 率
         ├─ 資産回転率┤                ├─ 商 品 回 転 率
         │         │                ├─ 原 材 料 回 転 率
         │         │                └─ 仕掛品回転率
         │         │
         │         └─ 固定資産回転率 ── 有形固定資産回転率
```

[1] 総資本の利用度（資産の活用効率）はどうか
[総資本回転率]

> **計算式**　総資本回転率 ＝ $\dfrac{売上高（年額）}{総　資　本}$ 回／年　↑

◆読み方

　総資本回転率は、総資本に対する売上高の割合で、総資本の利用度を示し、高いほどよいと判断します。分子の売上高は年額で示し、分母の総資本は貸借対照表の負債と資本の合計額のことです。回転率の分母は、原則として期首・期末の平均額をとりますが、一般には、計

算の便宜上、期末残高を適用し計算します。

なお、このことは、以下の回転率についても同じです。

◆**読むときの注意点**

総資本回転率は業種や規模によって異なり、一般に売上高利益率と逆の関係にあるといえます。つまり、売上高利益率の高い業種は総資本回転率が低く、売上高利益率の低い業種は総資本回転率が高いといえます。

したがって、製造業と商業（なかでも卸売業）を比べると、製造業では売上高利益率は高く、総資本回転率は低いといえます。一方、卸売業では売上高利益率は低いが、総資本回転率は高いということができます。

◆**経営資源の適正配分と有効活用**

総資本回転率は、総資本を使ってどれだけの売上に結びついたのか、ということですから、この比率が高いほど、総資本の活用効率が高いことになります。経営資源が事業に適正配分され順調に運営され、しかも、設備や在庫品が効率的に活用されているかが、この総資本回転率に影響を与えます。

かりに、売上高当たりの収益性を示す売上高利益率が低くても、総資本回転率が高ければ、目標とする総資本経常利益率を良好な状態に保つことができるのです。

◆**改善するためのポイント**

総資本回転率を高めるために必要なことは、更なる売上の増大を図るとともに、投入する経営資源を小さくすることです。

とくに、大きな資金の固定化をともなう運転資本を効率的に活用することによって、運転資本の流動化を図ることがポイントとなります。

[2] 売上債権（受取手形）の回収状況はどうか
[受取手形回転率]

> **計算式** 受取手形回転率 ＝ $\dfrac{売上高}{受取手形＋受取手形割引残高}$ 回／年 ↑

◆読み方

受取手形回転率は、受取手形と売上高との割合を示し、得意先に対する受取手形の回収程度、または回収の度合いを見るためのものです。この比率は高ければ高いほどよいと判断します。

◆読むときの注意点

受取手形とは、販売代金を回収する際に受け取る約束手形や為替手形のことです。手形には、支払期日が定められていますが、金融機関で支払期日（満期日）前に割引を受けることができます。この比率を算出する際、一般に受取手形割引残高を含めて計算します。

この回転率は、次のように365日を回転率で割算して、回転日数を求めて見たほうがより分かりやすいといえます。なお、受取手形回転日数は短いほどよいと判断します。

〈手形を受け取って資金化されるまで何日かかっているか〉

$$受取手形回転日数 = \dfrac{365}{受取手形回転率}（日）\;\downarrow$$

◆受取手形と販売

無理な拡販政策をとっていると、一時的に売上が増えるかもしれません。しかし、その売上の伸び以上に受取手形や売掛金も増大します。これが予定どおりに回収されなかったり、手形サイト（満期日までの期間のこと）の長期化につながります。その結果、債権残高を増加させることになり、受取手形回転率の低下、つまり、受取手形回転期間の長期化という悪い結果として表れてくるのです。

◆改善するためのポイント

　受取手形回転率を高めるための有効な方策は、手形を受け取る際、できるだけ受取手形サイトの短いものをもらうことです。また、商習慣や得意先との「約定」（得意先との約束事）の手形サイトを遵守することが大切です。もちろん、信用状態に問題がある得意先に対しては、手形での決済をできるだけ減らすようにするための営業努力が必要といえます。

[3] 売上債権（売掛金）の回収状況はどうか **[売掛金回転率]**

計算式　　売掛金回転率 ＝ $\dfrac{売上高}{売掛金}$ 回／年　↑

◆読み方

　売掛金回転率は、売掛金と売上高との割合を示し、得意先に対する売掛金の回収程度、または回収の度合いを見るためのものです。

◆読むときの注意点

　この比率は、高ければ高いほど売掛金の回収が良好であると判断します。売掛金回転率が年々低下しているとか、急激に低下した場合は、売掛金の回収がよくないということなので、売掛金の回収強化がポイントとなります。

　回転率は、回転期間で見たほうがより分かりやすいといえます。回転率がすでに算出されているとすれば、次のように、365日を回転率で割って、回転日数を求めます。なお、回転日数は短いほどよいと判断します。

〈掛売りをして回収されるまで何日かかっているか〉

$$売掛金回転日数 = \dfrac{365}{売掛金回転率}（日）　↓$$

◆**信用供与期間と営業活動**

　得意先への信用供与が多くなれば、売上高の増大に貢献することが期待できます。しかし、企業全体の利益の向上には必ずしも寄与しません。例えば、支払能力の低い得意先に多くの信用を供与（掛売りを多く）すれば、それだけ回収の悪化に結びつき、貸倒れになる危険も高くなるからです。

　この売掛金回転率は、売上債権の信用供与のうちでも、営業活動の現場で得意先の信用状態との関わりで決定されるものなので、営業活動で重視すべき指標ということができます。

◆**改善するためのポイント**

　売掛金回転率を高めるためには、売上高の減少につながらないような形で売掛金の減少を図ることです。

　このためには、販売促進策の１つとして、安易に信用供与を行うといったことがないように心掛けることがポイントです。また、得意先ごとに売掛金の残高をきちんと管理し、回収の促進に努めることが必要です。

　さらに、売掛金の早期回収に努力した人や組織に対して、正しい業績評価と説得性・納得性ある処遇を通じて動機づけを行うといった「責任単位別業績評価制度」の確立も重要であるといえます。

[4] 商品在庫は過剰ではないか【商品回転率】

$$\boxed{\text{計算式}} \quad 商品回転率 = \frac{売上高(年額)}{商品} \quad 回／年 \; \uparrow$$

◆**読み方**

　商品回転率は、売上高と商品の割合を示すもので、高いほどよいと判断します。また、回転期間（商品を仕入れて、それを販売するまで何日かかっているか）で示すこともでき、その場合には、短いほうがよいということになります。

商品回転率が高ければ、商品の在庫保有量は適正であるといえます。これとは逆に、この比率が低ければ商品は過剰であることを意味します。

◆読むときの注意点

商業では、棚卸資産のほとんどが商品なので、棚卸資産回転率と商品回転率はほぼ同じになるので、通常この商品回転率を求めて判断します。なお、製造業における商品とは、完全外注品（外部の工場に生産を依託し、それを仕入れて売るもの）のことです。

この比率が高ければ、商品の在庫保有量は適正であり問題ありません。このことは、総資本回転率を高め、さらに総資本経常利益率を向上させることになり、資金繰りもよくなります。これとは逆に、この比率が低ければ売上の伸び以上に商品在庫が過剰であることを意味し、資金コスト・管理コストが余分にかかります。

◆商品在庫と適正在庫の維持

商品の在庫保有が豊富であれば、営業活動は容易です。顧客ニーズへの対応が容易だけでなく、欠品は生じません。しかし、過剰な在庫保有は、在庫管理コストや資金コストの負担増や不良在庫、死蔵品が生じる恐れがあります。

したがって、在庫は多すぎても、また少なすぎてもよくありません。適正な在庫（基準在庫量または適正在庫量）を設定し、それによる管理が必要です。

◆改善するためのポイント

商品回転率を高めるためには、分子の売上の増大を図ることはいうまでもありませんが、分母の商品在庫を小さくすることがポイントです。しかし、商品在庫を減らせばよいといっても、そのために生じる欠品による売り逃し、得意先サービスの低下も考えられます。

大切なことは、少ない在庫保有で支障なく営業活動が営めるようにする活動です。それには、取扱品種の見直しができるしくみの構築や、

発注方法も含めた商品在庫管理のしくみそのものを改善することが重要です。つまり、「品切れを起こさないで、商品の在庫回転率を高めるためのしくみ」の構築がポイントであるといえます。

[5] 製品在庫は過剰ではないか【製品回転率】

$$\boxed{\text{計算式}\quad 製品回転率 = \frac{売上高（年額）}{製\ 品} \quad 回／年\ \uparrow}$$

◆読み方

製品回転率は、売上高と製品の割合を示し、製品在庫の適否を見ようとするもので、高いほうがよいと判断します。製品とは、製造業の場合で、販売の目的をもって所有している自社で製造した棚卸資産のことです。したがって、この比率は、自社製品の在庫投資効率の高さを示しているといえます。

◆読むときの注意点

この比率は、自社製品の在庫水準が妥当であるかどうかが分かります。例えば、売上の伸びはほぼ順調なのに製品回転率が低下している場合は、製品在庫が過剰であることを意味します。

製品回転率は、365日を製品回転率で割って、回転日数や回転月数で求め観察することもできます。「製品回転率は○回転」というより、「製品が完成入庫され出荷されるまで○○日、または○カ月かかっている」というとらえ方のほうが分かりやすいかもしれません。つまり、在庫の滞留期間を日数や月数で求めるのです。この場合、回転期間は短いほどよいと判断します。

◆製品在庫と適正在庫の維持

自社の生産部門で生産された製品が順調に販売されれば問題ありません。しかし、生産と販売の調和がとれず、期待したとおりの売上を上げられなければ、大きな製品在庫を保有せざるを得なくなります。

大きな在庫を抱えることになれば、その分、資金を固定化させ、資金コストの負担を余儀なくされます。問題はそれだけではありません。在庫回転率の悪化した製品は、デッドストック（死蔵品）化の危険も大きくなります。つまり管理コストも多くなることを考えると、製品回転率の悪化によって生じる損失は大きいものといえます。

◆**改善するためのポイント**

　製品回転率の改善を図るためには、製品の在庫管理の強化にとどまるものではありません。生産活動や生産管理と密接なつながりをつけておくことが大切です。

　在庫量は、生産投入の時期や生産ロットサイズの大きさなどによって影響を受けます。一般的には大きなロットサイズで製造すれば、コスト的に有利と思われやすいものです。しかし、生産ロットサイズを大きくすると平均的な在庫保有高は大きくなります。このようなことを考慮しながら、生産管理システムとの連動を図り、「品切れを起こさないで、製品の在庫回転率を高めるためのしくみ」の構築がポイントとなります。

[6] 原材料（資材）在庫は過剰ではないか 【原材料回転率】

計算式　　原材料回転率 ＝ $\dfrac{売上高（年額）}{原材料}$ 　回／年 ↑

◆**読み方**

　原材料回転率は、売上高に対する原材料の割合を示したものです。原材料（原料、材料、購入部品）の在庫高の適否を見ようとするもので、一般に高いほどよいと判断します。

◆**読むときの注意点**

　原材料回転率が低下している場合には、原材料在庫が過剰であることを意味します。つまり、売上の伸び以上に原材料ストックが増大して

いるということです。会社にとっては、好ましいことではありません。

原材料回転率は、これもまた、回転期間で示すこともあり、この場合には、材料の手持期間を表し、短いほどよいと判断します。

◆原材料在庫と適正在庫の維持

製造業においては、生産活動の円滑な運営のために安定した原材料の供給が欠かせません。そこで、購買部門では、原材料の購入コストを低減させるために、購入ロットサイズをある程度大きくする傾向があります。

ところが、このような方策は、結果的に原材料の平均的な在庫保有高を大きくすることにつながり、経営的に見て好ましくありません。原材料は適正な保有量で維持しなければなりません。

◆改善するためのポイント

原材料回転率を高めるためには、生産が円滑に行われることを前提として、原材料を調達するしくみの改善が大切です。

このためには、生産システムとうまく連動した原材料調達システムの構築が重要です。つまり、「生産に支障をきたさないで原材料の在庫回転率を高めるためのしくみ」の構築がポイントです。もちろん、このほかにも部品や原材料の標準化・共通化といった設計変更と関わりのある改善もあげられます。

[7] 工程の途中に仕掛かっているものは多くないか
[仕掛品回転率]

計算式　　仕掛品回転率 $= \dfrac{売上高}{仕掛品}$ 回／年　↑

◆読み方

仕掛品回転率は、仕掛品と売上高との割合です。工程の途中に仕掛かっているものは多くないかどうかが分かります。

製造業では、原材料を製造工程に投入し、それが完成するまでの過程で要した原価を「仕掛品(しかかりひん)」といいます。

◆読むときの注意点

仕掛品回転率は、製造業における製造工程での仕掛品在庫の回転率のことです。この比率は、一般に高いほど好ましいといえます。この比率が高いということは仕掛品が少ないことを、逆にこの比率が低ければ仕掛品が多いことを意味します。

◆製造活動と仕掛品

仕掛品回転率は、製造工程で完成までに要する時間(リード・タイム＝製造日数)や、製造数量(投入ロットサイズ)にも関係します。

この比率が高いほど製造活動の効率がよいと判断します。仮に、この回転率が年々低下傾向にある場合は、製品の在庫管理の強化より、むしろ「工程管理」や「日程管理」に改善の余地があると考えるべきです。

◆改善するためのポイント

仕掛品回転率を高めるための方策は、生産活動と密接な関わりがあります。製造期間の短縮が最大のポイントですが、製造工程での流れをよくすることが重要です。さらに、工程バランスをよくすることも大切です。

部品の欠品による中断や、不良品の発生による戻り工程などがなくなれば、仕掛品在庫は削減されることになります。

[8] 固定資産の利用度はどうか【固定資産回転率】

計算式　　$固定資産回転率 = \dfrac{売上高(年額)}{固定資産}$　回／年　↑

◆読み方

固定資産回転率は、固定資産と売上高との割合で、固定資産の利用度を示し、高いほどよいと判断します。また、固定資産回転率は、保

有している固定資産が、どれだけの売上に貢献したかを示す指標であるともいえます。

◆**読むときの注意点**

会社が積極的な設備投資をすると、固定資産の増加率が売上増加率を超えることがありますので、この比率は低下します。また、この比率は業種によってかなり差があるといえます。電力会社やガス会社などエネルギーを供給する装置産業はこの比率は低く、卸売業などでは高く表れます。

◆**企業経営と設備投資**

固定資産は、それが将来にわたっての事業拡大による業績向上といった重要な意味をもっていれば、ある程度の積極的な投資が必要です。しかし、それが多額になると、資金コストの負担が大きくなります。また、大きな資金が固定化することになります。こういったことが、業績悪化をまねく大きな要因の１つともいえます。設備投資は、コア事業に厳選し、利益と減価償却の範囲内にとどめるという意思決定が重要です。

◆**改善するためのポイント**

固定資産回転率を高めるための方策は、現有設備の稼働率を高め有効活用を図ることが最大のポイントといえます。また、稼働していない遊休資産があれば、新たな活用方法の検討やその処分も考えることも必要です。

また、新たな設備投資をしないで、他社の経営資源の有効活用（アウトソーシング）や経営資源の共同利用（コソーシング）なども考えられます。

第4章

成長性の分析

1 企業の"ウゴキ"を見るためには

【1】成長性分析の意義と指標

　不況が長引き、しかも企業間競争の激しい今日の時代では、売上高が現状のままでは、収益性を高め支払能力を維持するのは困難であるといえます。競争の激化から売価は次第に引き下げられ、コストは上昇する傾向にあり、停滞したままでは現状維持はおろか衰退につながります。

　成長性とは、企業の発展性または伸長度のことです。この指標としては、売上高、利益、自己資本、付加価値などがあり、期間比較によって成長性が示されます。

　このように、成長性指標にはさまざまなものがありますが、どれが重要であるかは一概にはいえません。どの成長指標を重視するかは、分析者の判断に任されてよいと思われますが、1つだけ取り上げるのではなく、複数の指標で総合的に観察することが大切です。

　成長性の分析にあたっては、上記項目の伸び率やすう勢比率などを求めて「期間比較」をするのが一般的といえます。

【2】 期間比較はなぜ大切か

　経営分析を行うにあたって、分析企業の良否を判断するには、同業他社の数値や業界平均値を使う方法の他に、「期間比較」という極めて重要不可欠な方法があります。

　さて、図表4－1をご覧ください。これは、A社とB社の「総資本経常利益率」を図表にしたものです。どのように判断したらよいでしょうか。

　図表4－1では、A社は確かにライバル企業のB社より優れているし、業界平均値より高くて良好です。あなたも、このように判断したに違いありません。一時点におけるこの見方は間違っていないし、その判断は正しいといえます。

　しかし、仮に、A社とB社の最近5期間（5年分）が図表4－2のような傾向であるとします。確かに、現時点ではA社のほうが優れていますが、A社は最近の傾向として下降線にあり、B社は上昇線にあります。したがって、他社や業界平均値との比較も必要ですが、それだけでは十分でなく、企業の傾向を観察しなければ正しい判断はできません。

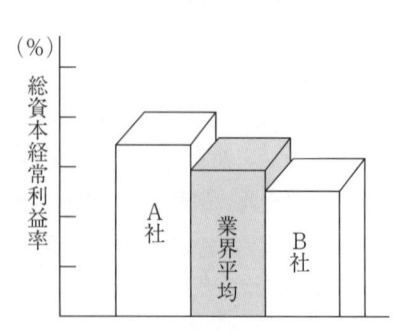

　　　　　図表4－1　A社とB社の水準

図表４−２　Ａ社とＢ社の最近５期分の傾向

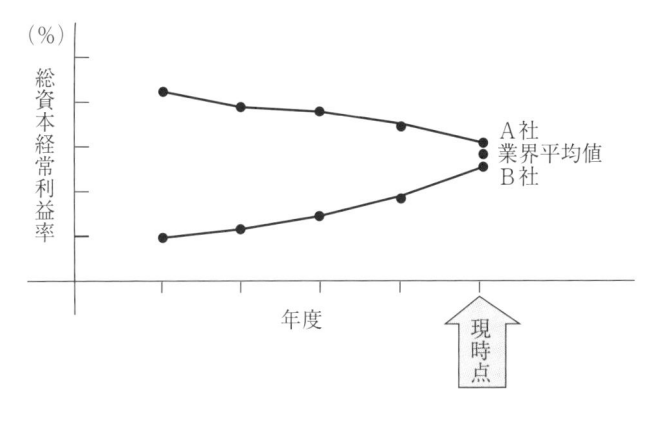

(%) 総資本経常利益率

Ａ社
業界平均値
Ｂ社

年度

現時点

　期間比較による企業の"ウゴキ"つまり、すう勢を見るためには、数期間の決算書が必要になります。多ければ多いほどよいといえますが、少なくとも最近５期分（５年分）以上のデータを手に入れたいものです。

2　企業のすう勢を見るためには

　期間比較による企業のすう勢を観察するには、「金額」と「比率」で行うことができます。
　金額による場合には、決算書の各項目の金額が期間ごとにどのように増減したかを見るために「比較表」を作り、増減の大きい項目に注目するといった観察をします。しかし、この「比較表」の作成に手数がかかるので、一般には、次のように比率によって企業のウゴキを観察します。
　比率による場合には、すう勢比率を用いる場合と、期間ごとに算出した諸比率を年度順に並べて、その傾向を見る場合とがあります。

【1】すう勢比率を用いる場合

すう勢比率とは、基準とする期の値を100%として、それ以降の期を基準期に対するパーセンテージで表して、ウゴキを観察するものです。すう勢比率には、基準年度のとり方によって、「固定基準法」と「移動基準法」に分けられます。

固定基準法……ある年度（期）を基準年度にとり、その年度の各項目の金額を100%として、その後の年度の項目の金額を基準年度のパーセンテージに対する指数で示します。

$$\text{すう勢比率（固定基準法）} = \frac{\text{求めたい期の値}}{\text{基準とした期の値}} \times 100\%$$

移動基準法……比較する決算書の直前年度の項目の金額を100%として、対前年度比のパーセンテージとして示すものです。

$$\text{すう勢比率（移動基準法）} = \frac{\text{求めたい期の値}}{\text{前期の値}} \times 100\%$$

どちらをとるかは分析者によって違いますが、固定基準法をとる場合には、基準年度のとり方によって、判断を誤る危険があるので注意しなければなりません。

例えば、業績のよい年度を基準年度にとると、それ以降の年度が悪く示されます。また、逆に業績の悪い年度が基準年度にとられると、それ以降の年度がよく示される傾向があります。しかし、図表4－3〜図表4－5のように、金額、構成比率、すう勢比率を併記すれば、このような誤解は避けられます。

なお、図表中に「構成比」「すう勢比」とあるのは、それぞれ「構成比率」「すう勢比率」の意味です。ここでは、固定基準法によっています。

[1] 貸借対照表の構成・すう勢を見ると

図表4－3で説明しましょう。流動負債、固定負債の構成比率は年々高まり、一方、自己資本の構成比率は逆に低下しています。これは、財務体質が年々弱体化していることを示します。

また、資産の構成比率は、棚卸資産が高くなっています。

すう勢比率を見ると、総資本（：総資産）は第8期100％に対して第12期は180％となっています。しかし、その規模の拡大は負債（借金）に大きく依存し、自己資本のすう勢比率はわずか125％にとどまっています。

図表4－3　連続貸借対照表の構成・すう勢

科　目	第8期			第9期			第10期			第11期			第12期		
	金額	構成比	すう勢比	金額	構成比	すう勢比	金額	構成比	すう勢比	金額	構成比	すう勢比	金額	構成比	すう勢比
	百万円	％	％	百万円	％	％	百万円	％	％	百万円	％	％	百万円	％	％
当座資産	840	35.0	100.0	924	32.1	110.0	1,070	31.8	127.4	1,157	30.1	137.7	1,375	31.8	163.7
棚卸資産	552	23.0	100.0	706	24.5	127.9	890	26.5	161.2	1,103	28.7	199.8	1,330	30.8	240.9
その他流動資産	48	2.0	100.0	50	1.7	104.2	80	2.4	166.7	80	2.1	166.7	75	1.7	156.3
流動資産	1,440	60.0	100.0	1,680	58.3	116.7	2,040	60.7	141.7	2,340	60.9	162.5	2,780	64.4	193.1
有形固定資産	840	35.0	100.0	960	33.3	114.3	1,080	32.1	128.6	1,380	35.9	164.3	1,540	35.6	183.3
無形固定資産投資	120	5.0	100.0	240	8.4	200.0	240	7.2	200.0	120	3.2	100.0	0	0	0
固定資産	960	40.0	100.0	1,200	41.7	125.0	1,320	39.3	137.5	1,500	39.1	156.3	1,540	35.6	160.4
資産合計	2,400	100.0	100.0	2,880	100.0	120.0	3,360	100.0	140.0	3,840	100.0	160.0	4,320	100.0	180.0
流動負債	840	35.0	100.0	1,080	37.5	128.6	1,260	37.5	150.0	1,560	40.6	185.7	1,800	41.6	214.3
固定負債	600	25.0	100.0	720	25.0	120.0	900	26.8	150.0	1,080	28.1	180.0	1,320	30.6	220.0
資本(自己資本)	960	40.0	100.0	1,080	37.5	112.5	1,200	35.7	125.0	1,200	31.3	125.0	1,200	27.8	125.0
負債・資本合計	2,400	100.0	100.0	2,880	100.0	120.0	3,360	100.0	140.0	3,840	100.0	160.0	4,320	100.0	180.0

[2] 損益計算書の構成・すう勢を見ると

次に図表4－4をご覧ください。売上高のすう勢比率を見ると、かなり伸びているように見えますが、それ以上に販売費・一般管理費や営業外費用（金融費用）が増大しています。そのため、各段階の利益の割合やそのすう勢が悪くなっています。

図表4－4　連続損益計算書の構成・すう勢

科　目	第 8 期			第 9 期			第 10 期			第 11 期			第 12 期		
	金額	構成比	すう勢比	金額	構成比	すう勢比	金額	構成比	すう勢比	金額	構成比	すう勢比	金額	構成比	すう勢比
	百万円	%	%	百万円	%	%	百万円	%	%	百万円	%	%	百万円	%	%
売　上　高	2,420	100.0	100.0	2,770	100.0	114.5	3,120	100.0	128.9	3,600	100.0	148.8	3,960	100.0	163.6
売 上 原 価	1,930	79.8	100.0	2,210	79.8	114.5	2,490	79.8	129.0	2,890	80.3	149.7	3,210	81.1	166.3
売 上 総 利 益	490	20.2	100.0	560	20.2	114.2	630	20.2	128.6	710	19.7	144.9	750	18.9	153.1
販売費・一般管理費	288	11.9	100.0	334	12.1	116.0	390	12.5	135.4	450	12.5	156.3	490	12.4	170.1
営　業　利　益	202	8.3	100.0	226	8.2	111.9	240	7.7	118.8	260	7.2	128.7	260	6.6	128.7
営 業 外 収 益	48	2.0	100.0	48	1.7	100.0	48	1.5	100.0	48	1.3	100.0	48	1.2	100.0
営業外費用（金融費用）	132	5.5	100.0	168	6.1	127.3	205	6.6	155.3	240	6.7	181.8	288	7.3	218.2
当期経常利益	118	4.9	100.0	106	3.8	89.8	83	2.7	70.3	68	1.9	57.6	20	0.5	16.9

[3] 製造原価報告書の構成・すう勢を見ると

　図表4－5をご覧ください。労務費については、その構成比率やすう勢比率から、特に問題ないと判断できますが、製造費用に占める原材料費のすう勢比率がかなり高まっています。

　また、第12期に外注加工費の構成比率が小さくなっていますが、これは業績が悪化してきたため、それまでは外部の工場に製造を委託（外作）していたものを、自社内の製造（内作）に切り替えたためではないかと思われます。

図表4－5　連続製造原価報告書の構成・すう勢

科　目	第 8 期			第 9 期			第 10 期			第 11 期			第 12 期		
	金額	構成比	すう勢比	金額	構成比	すう勢比	金額	構成比	すう勢比	金額	構成比	すう勢比	金額	構成比	すう勢比
	百万円	%	%	百万円	%	%	百万円	%	%	百万円	%	%	百万円	%	%
主 原 材 料 費	805	40.0	100.0	950	40.4	118.0	1,104	41.5	137.1	1,295	41.9	161.0	1,450	42.4	180.1
補 助 材 料 費	120	6.0	100.0	145	6.2	120.8	166	6.2	138.3	194	6.3	161.7	220	6.4	183.3
原材料費計	925	46.0	100.0	1,095	46.6	118.4	1,270	47.7	137.3	1,490	48.2	161.1	1,670	48.8	180.5
賃金・給料手当	410	20.4	100.0	470	20.0	114.6	516	19.4	125.9	575	18.6	140.2	635	18.6	154.9
福 利 厚 生 費	70	3.5	100.0	80	3.4	114.3	84	3.2	120.0	95	3.1	135.7	95	2.8	135.7
労 務 費 計	480	23.9	100.0	550	23.4	114.6	600	22.6	125.0	670	21.7	139.6	730	21.3	152.1
外 注 加 工 費	402	20.0	100.0	467	19.9	116.2	528	19.8	131.3	612	19.8	152.2	645	18.9	160.4
その他製造経費	203	10.1	100.0	238	10.1	117.2	262	9.8	129.1	318	10.3	156.7	375	11.0	184.7
経 費 計	605	30.1	100.0	705	30.0	116.5	790	29.7	130.6	930	30.1	153.7	1,020	29.9	168.6
当期総製造費用	2,010	100.0	100.0	2,350	100.0	116.9	2,660	100.0	132.3	3,090	100.0	153.7	3,420	100.0	170.1
期首仕掛品棚卸高	160	—	100.0	180	—	112.5	240	—	150.0	310	—	193.8	400	—	250.0
小　計	2,170	—	100.0	2,530	—	116.6	2,900	—	133.6	3,400	—	156.7	3,820	—	176.0
期末仕掛品棚卸高	180	—	100.0	240	—	133.3	310	—	172.2	400	—	222.0	480	—	266.7
当期製品製造原価	1,990	—	100.0	2,290	—	115.1	2,590	—	130.2	3,000	—	150.8	3,340	—	167.8

【2】期間ごとの財務比率を用いる場合

　財務比率によって企業のすう勢を見るために、図表4－6～図表4－8に例示するように、期間ごとに算出した財務比率を、年度順に併記し観察する方法があります。

[1] 支払能力（または安全性）を見ると

　図表4－6をご覧ください。支払能力を示す主要な各比率を見ると、固定長期適合率を除くすべての比率が年々悪化し、支払能力または安全性の低下を示しています。とくに、自己資本比率の低下から見て、財務体質は、年々弱体化していることが指摘できます。

図表4－6　支払能力（または安全性）

No.	比率名	計算式	単位	第8期	第9期	第10期	第11期	第12期	摘要
11	流動比率	$\frac{流動資産}{流動負債} \times 100$	%	171.4	155.6	161.9	150.0	154.4	
12	当座比率	$\frac{当座資産}{流動負債} \times 100$	%	100.0	85.6	84.9	74.2	76.4	
13	固定比率	$\frac{固定資産}{自己資本} \times 100$	%	100.0	111.1	110.0	125.0	128.3	
14	固定長期適合率	$\frac{固定資産}{自己資本＋固定負債} \times 100$	%	61.5	66.7	62.9	65.8	61.1	
15	負債比率	$\frac{負債}{自己資本} \times 100$	%	150.0	166.7	180.0	220.0	260.0	
16	自己資本比率	$\frac{自己資本}{総資本} \times 100$	%	40.0	37.5	37.5	31.3	27.8	

[2] 売上高当たりの収益性を見ると

　図表4－7をご覧ください。No.1の比率名売上高総利益率は第10期まで一定ですが、第11、第12期に製造原価のコストアップによって低下しています。これは売上高に占める原材料費の割合が増大しているためです。

　No.3の売上高営業利益率は年々低下しています。この原因は売上高に占める荷造運送費、広告宣伝費、交際接待費などが増えたためです。

No.9の売上高経常利益率は年々低下しています。これは、売上高に対する金融費用が増大したためです。企業の「売上高当たりの収益性」は、年々悪化していることが分かります。

図表4-7 売上高当たりの収益性

No.	比率名	計算式	単位	第8期	第9期	第10期	第11期	第12期	摘要
1	売上高総利益率	$\frac{売上総利益}{売上高} \times 100$	%	20.2	20.2	20.2	19.7	18.9	
2	売上高原材料費比率	$\frac{原材料費}{売上高} \times 100$	%	28.2	39.5	40.7	41.4	42.2	
3	売上高営業利益率	$\frac{営業利益}{売上高} \times 100$	%	8.3	8.2	7.7	7.2	6.6	
4	売上高人件費比率	$\frac{給料手当+福利厚生費+労務費}{売上高} \times 100$	%	23.9	24.2	23.9	23.7	23.7	
5	売上高荷造運送費比率	$\frac{荷造運送費}{売上高} \times 100$	%	1.0	1.0	1.1	1.1	1.3	
6	売上高広告宣伝費比率	$\frac{広告宣伝費}{売上高} \times 100$	%	0.5	0.5	0.5	0.5	0.6	
7	売上高交際接待費比率	$\frac{交際接待費}{売上高} \times 100$	%	0.5	0.5	0.6	0.6	0.6	
8	売上高減価償却費比率	$\frac{減価償却費}{売上高} \times 100$	%	5.0	4.8	4.7	4.8	4.8	
9	売上高経常利益率	$\frac{経常利益}{売上高} \times 100$	%	4.9	3.8	2.7	1.9	0.5	
10	売上高金融費用比率	$\frac{支払利息・割引料}{売上高} \times 100$	%	5.0	5.6	6.2	6.3	7.0	

[3] 総合指標と回転率を見ると

図表4-8をご覧ください。企業の収益性を総合的に示すNo.17の比率名総資本経常利益率を見ると、4.9％→0.5％と年々急激に低下(業績の悪化)しています。この原因は、売上高経常利益率(売上高当たりの収益性)と総資本回転率(資産の利用効率)の両者が低下したためです。

総資本回転率を構成する下位の各種回転率を見ると、固定資産回転率を除くすべての回転率が低下しています。これは、売上の伸び以上に、受取手形、売掛金、製品、原材料、仕掛品がそれぞれ増大していることを示しています。調達した資金がこれら売上債権や在庫に固定化していることが問題です。

今後は、売上債権の回収強化、在庫の圧縮、工程管理の強化を通じて資金を流動化させ、それを借金の返済に充当し、財務体質の強化を図ることが大切です。

図表4－8　総合指標と回転率

No.	比率名	計算式	単位	第8期	第9期	第10期	第11期	第12期	適要
17	総資本経常利益率	経常利益／総資本 ×100	％	4.9	3.7	2.5	1.8	0.5	
9	売上高経常利益率	経常利益／売上高 ×100	％	4.9	3.8	2.7	1.9	0.5	
18	総資本回転率	売上高／総資本	回	1.00	0.96	0.92	0.93	0.91	
19	当座資産回転率	売上高／当座資産	回	2.9	3.0	2.9	3.1	2.9	
20	受取手形回転率	売上高／受取手形＋割引手形	回	5.0 (73日)	4.8 (76日)	4.6 (79日)	4.3 (85日)	4.1 (89日)	
21	売掛金回転率	売上高／売掛金	回	20.2 (18日)	19.9 (18日)	18.4 (19日)	18.3 (20日)	17.6 (21日)	
22	棚卸資産回転率	売上高／棚卸資産	回	4.4 (83日)	3.9 (92日)	3.5 (103日)	3.3 (110日)	2.9 (126日)	
23	製品回転率	売上高／製品	回	8.0 (46日)	7.3 (50日)	6.5 (56日)	6.1 (60日)	5.5 (66日)	
24	原材料回転率	売上高／原材料	回	40.3	38.5	37.1	37.5	36.0	
25	仕掛品回転率	売上高／仕掛品	回	13.4	11.5	10.1	9.0	8.3	
26	固定資産回転率	売上高／固定資産	回	2.5	2.3	2.4	2.4	2.6	

注：分母が期首・期末の平均値をとる比率であっても、ここでは期末の数値を使用した。カッコ内の日数は、各回転日数を示している。

第5章

生産性の分析

1 生産性分析の基本

【1】生産性分析の目的と重要性

　これまでの財務分析や経営分析では、収益性の分析を中心として、それと密接に関連ある流動性（または安全性）を取り上げることが多かったといえます。しかし、分析はこれにとどまるのではなく、生産性分析も重視すべき分析対象領域の1つといえます。なぜならば、人件費と利益の関連で生産性が重視されるからです。

　賃金の決定は、生産性の大小だけによって決まるものではありません。経済的生活を営むうえでの生計費、労働市場、労使関係など、多くの要因によって影響を受けます。しかし、生産性の向上なしに賃金水準を高めれば、人件費が利益を圧迫します。増加する人件費などを吸収して、なおかつ必要な利益を上げるには、生産性の向上が必要となります。そのために、生産性分析によって、生産性の向上と成果の適正配分に役立つ情報を入手する必要があります。

　他社分析の場合にも、関係企業の生産性指標を見ることによって、収益性や流動性（または安全性）分析からは入手できない情報を得ることができます。したがって生産性分析は、重要不可欠な分析対象領

域ということができます。

【2】生産性とは何か

　生産性分析を進めるうえで第1に行うことは、「生産性とは何か」を理解することです。経営分析のどの本にも、生産性とは「生産諸要素の有効利用度のことである」と書かれています。

　この定義からは、何のことかよく分からないと思われます。あまり難しく考えないで、生産性とは、「**インプット（投入）に対するアウトプット（産出）の割合のことである**」と覚えてください。つまり、一定期間の生産要素の投入に対する産出物の割合として示されるものです。

　ところで、投入される生産諸要素には、いろいろなものが考えられますが、大別すると労働と資本ということになります。しかし、労働と資本とは全く異質の要素であるために、共通の分母として生産性をとらえるのは、技術的に困難です。

　そこで、生産性をとらえる際には、労働と資本の要素を別々に分け、「**労働生産性**」と「**資本生産性**」の2つの側面からとらえることになるのです。経営分析では一般に、次のように、分子に付加価値（金額）を適用します。

$$生産性 = \frac{産出}{投入} = \begin{cases} 労働生産性 = \dfrac{産出}{労働} \\ \\ 資本生産性 = \dfrac{産出}{資本} \end{cases}$$

$$労働生産性 = \frac{付加価値}{人員} = 1人当たり付加価値 \uparrow$$

$$資本生産性 = \frac{付加価値}{総資本} \times 100\% = 総資本投資効率 \uparrow$$

【3】付加価値の意味と求め方

[1] 付加価値とは

　付加価値とは、その名のとおり、会社が新たに創り出した価値のことです。付加価値というと、これもまた非常に難しく聞こえますが、実際は簡単です。

　例えば、あなたが1本の鋼材を持っているとします。それだけではあまり大きな価値はありませんが、それを磨き、加工して製品にすることによって鋼材の価値は増加します。

　このように、付加価値とは、個々の企業が生産または販売を通じて生み出した価値のことで、「**企業活動を通じて新しく生み出した金額**」といえます。

　企業は外部から原材料や外注品または商品などを購入し、これを企業内で加工して販売します。例えば、外部からの購入部分が80万円で、それを外部に100万円で販売したとすれば、その差額20万円が付加価値になります。

図表5−1　付加価値とはこういうもの

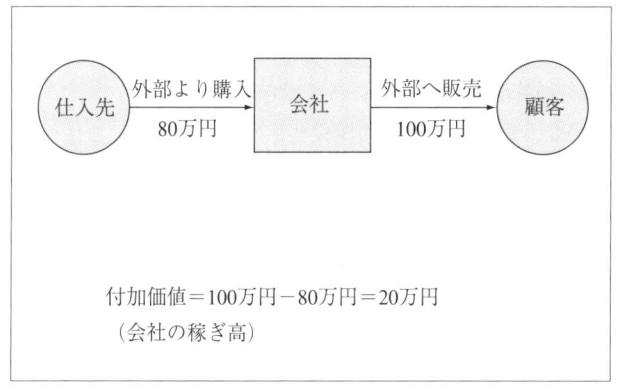

```
                  外部より購入           外部へ販売
   仕入先  ─────────→   会社   ─────────→  顧客
                    80万円                100万円


        付加価値＝100万円－80万円＝20万円
         （会社の稼ぎ高）
```

このように付加価値とは、「会社の稼ぎ高」のことです。売上高を会社の稼ぎ高と思っている方もいらっしゃいますが、それは間違いです。利益の源泉である売上高は、大きいほど望ましいことはいうまでもありません。しかし、売上高が多くても、そのまま外部購入価値としての材料費や外注費が増えてしまったのでは意味がありません。その差額である付加価値が問題で、それを増やす必要があるのです。

　つまり、売上高をいくら強調しても、利益のない売上では意味がありません。また、利益の増加を強調すれば、企業側から見ればよいのですが、従業員の側からは、「それだけ自分たちの賃金が低くなる」という不満が生じるかもしれません。そこで、利益や賃金の源泉となる付加価値を多く生み出さなければならないということになるのです。

[2] 付加価値はどのように求めるのか

　付加価値の計算方法には、大別して「控除法」と「加算法」の2つがあります。

　控除法とは、売上高（または生産高）から原材料費や外注費など、他企業から購入して消費した金額を差し引いて、その残額を付加価値として求める方法です。経済産業省（工業統計）や、中小企業庁（中小企業の経営指標）などの調査はこの方法をとっています。

　付加価値は、本来控除法で計算すべきものとされていますが、計算の便宜上、加算法で計算することもできます。

　加算法とは、まず付加価値の構成要素を定めておき、これらの合計を付加価値として求める方法です。財務省（法人企業統計）や経済産業省（わが国企業の経営分析）などの調査ではこの方法をとっています。

　付加価値の計算方法は違っても、付加価値の範囲が同じであればその金額は同じになります。しかし、実際には、付加価値を広くとらえたり、狭くとらえたりしています。いずれにせよ、どの統計資料を使用するかによって、そのやり方に合わせて計算すればよいわけです。

付加価値の範囲について図示すると、図表5－2のようになります。

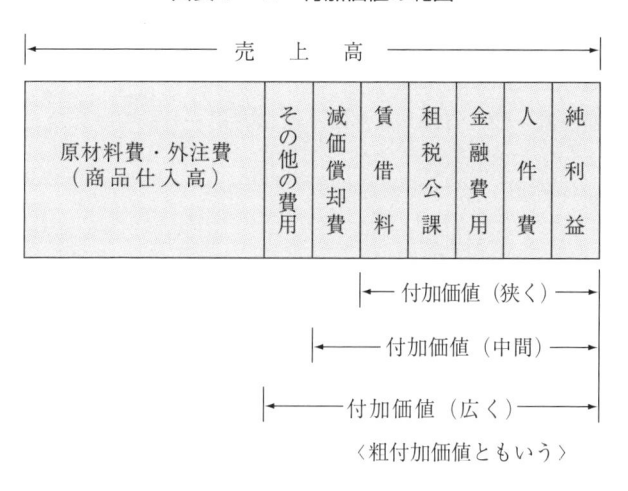

図表5－2　付加価値の範囲

売　上　高							
原材料費・外注費 （商品仕入高）	その他の費用	減価償却費	賃借料	租税公課	金融費用	人件費	純利益

　　　　　　　　　　　　　　　　|← 付加価値（狭く）→|
　　　　　　　　　　　　|← 付加価値（中間）→|
　　　　　　　|← 付加価値（広く）→|
〈粗付加価値ともいう〉

付加価値を外部資料と比較するときには、その計算方式に注意しなければなりません。

いろいろな機関で付加価値の調査をしていますが、その計算方式を例示すると次のようになります。

①中小企業庁「中小企業の経営指標」

この調査では加工高といっていますが、付加価値と見ることができます。

　　加工高＝生産高－（直接材料費＋買入部品費＋外注工賃＋補助材料費）

②経済産業省「わが国企業の経営分析」

　　付加価値＝税引後当期経常利益＋人件費＋租税公課＋地代・家
　　　　　　　賃＋特許使用料＋純金融費用[注1]＋当期減価償却費

注1：純金融費用
　　純金融費用は金融費用から金融収益を差し引いた金額のこと。

③財務省「法人企業統計年報」

付加価値＝役員給料手当＋従業員給料手当＋福利費＋動産・不動産賃借料＋支払利息・割引料＋営業純益（営業利益－支払利息・割引料）＋租税公課

④日銀「主要企業経営分析」

付加価値＝経常利益＋人件費＋金融費用＋賃借料＋租税公課＋減価償却費

2 生産性分析で用いる主な指標とその関連

【1】労働生産性を見る

生産性の分析にあたっては、まず労働生産性の大きさを見るために次の諸比率を算出します。

[1] 労働生産性（1人当たり付加価値額）はどうか
[従業員1人当たり付加価値]

> **計算式** 従業員1人当たり付加価値 ＝ $\dfrac{付加価値}{従業員数}$ ↑
> （注）単位は金額で示します

◆読み方

従業員1人当たり付加価値は、企業全体の生産性を示す総合的生産性の指標のことです。分子の付加価値とは、企業活動を通じて新しく生み出した金額のことで、一般に年額で表します。分母の従業員数は、年間の平均従業員数をとりますが、一般には計算の便宜上、期末従業員数によって計算します。この比率は、高ければ高いほど労働生産性

が高い会社といえます。

◆**読むときの注意点**

この指標は、企業としての付加価値がどんなに大きくても、従業員数が多ければ生産性は高いとはいえないことに着目したものです。1人当たりの付加価値はどのくらいか、絶対的な高さは業種によってかなりの差がありますので基準の設定は困難で、しかもあまり意味がありません。

◆**付加価値と生産**

生産は、企業活動の中でも付加価値を実質的に生み出す重要な活動です。巨大な設備によって生産活動を展開している装置産業の場合は別ですが、労働集約型であるかそれに近いある程度の従業員をもって事業展開している企業の場合には、従業員の活動が効率的であるかどうかが重要なポイントとなります。

◆**改善するためのポイント**

従業員1人当たり付加価値は、次のように「1人当たり売上高」と「付加価値率」に分解することができます。

$$\frac{付加価値}{従業員数} = \frac{売上高}{従業員数} \times \frac{付加価値}{売上高}$$
（1人当たり付加価値）　（1人当たり売上高）　（付加価値率）

これから分かるように、労働生産性を高めるためには、「1人当たり売上高」、「付加価値率」のいずれか一方を引き上げるか、または両者を向上させなければなりません。

[2] 労働生産性（付加価値率）はどうか **【付加価値率】**

> 計算式　付加価値率 $= \dfrac{付加価値}{売上高} \times 100\%$ ↑

◆読み方

付加価値率は、売上高に対する付加価値の割合を示すもので、高いほどよいと判断します。この比率も業種によってかなり異なります。外部購入価値（材料費や外注加工費などのこと）の割合が多い業種では低く、逆に外部購入価値の割合が少ない業種では高く表れます。

◆読むときの注意点

卸売業などの場合は売上高の相当部分は外部購入価値なので、この比率は低く、逆にノウハウやサービスを商品としているような業種では、外部購入価値が少ないので高く表れます。

◆製品構成の変化と付加価値率

付加価値率は、同一企業の場合、特別の事情や変化がなければ、ほぼ一定の値となります。しかし、同一企業の場合でも、プロダクト・ミックス（製品構成）やプロセス・ミックス（工程細分）に変化があれば、生産性の上昇・下降に関係なく、この比率は変化します。したがって、内部分析の場合には、これらの変化の有無をチェックしたうえで判断する必要があります。

◆改善するためのポイント

この比率を高くすることは、企業の生産性から見ても重要で、基本的には利益の増大を重視した付加価値の増大策を中心に改善策を練ることが望ましいといえます。

付加価値率を高めるための方策としては、

- 原材料費や商品仕入高の低減
- 製・商品構成の改善
- 外作から内作への切替え
- 付加価値の高い新製品の開発
- 売価の引き上げ

などがあります。

[3] 労働生産性（1人当たり売上高）はいくらか
[1人当たり売上高]

> 計算式　　1人当たり売上高 ＝ $\dfrac{売上高（年額）}{従業員数}$ ↑
> 　　　　　　　　　　　　　　　（注）単位は金額で示します

◆読み方

1人当たり売上高は、売上高を従業員数で割って算出したものです。従業員1人当たり付加価値は、付加価値率と1人当たり売上高に分解されますが、その一方にあたるもので、労働生産性を示す指標です。この比率は、高いほど好ましいと判断します。

◆読むときの注意点

分子の売上高は、年額で示します。分母の従業員数は、原則として期首・期末の平均従業員数をとりますが、一般には、計算の便宜上、期末従業員数によって計算します。この比率は、業種によってかなり格差があります。したがって、同業他社や過年度との比較が有効であるといえます。

◆仕事の効率化と付加価値の実現

企業経営にとってたいへん重要なことは、効率的な事業の運営です。1人ひとりの従業員が十分に役割を果たし、売上への貢献とともに高い付加価値を実現することによって、収益力の高い企業経営が実現できるのです。

少数精鋭という考え方もあり、確かに過剰な従業員は問題かもしれません。しかし、従業員を減らすことによって目標を達成しようとする考え方はある意味では短絡的であり、付加価値の長期的な拡大には必ずしも結びつきません。1人ひとりの働きを効率化し、大きな付加価値を実現することが大切です。

◆改善するためのポイント

労働生産性を高めるには、この1人当たり売上高の引き上げが必要

です。そのためには、
- 新規市場を開拓する
- 既存市場を拡大する
- 販売方法を改善する
- 現有設備を有効に活用する
- 間接部門の人材の直接部門へのローテーション
- 従業員の教育訓練の強化

などの方策が考えられます。

[4] 設備の機械化や省力化は進んでいるか【労働装備率】

> **計算式**　労働装備率 ＝ $\dfrac{\text{有形固定資産（建設仮勘定を除く）}}{\text{従 業 員 数}}$ ↑
> （注）単位は金額で示します

◆読み方

労働装備率は、従業員1人当たりの有形固定資産額で、従業員に対する設備投資の大きさのことです。つまり、従業員1人当たりの設備投資額のことで、高いほど技術水準が高く、設備の機械化や省力化が進んでいると判断できます。

◆読むときの注意点

分子の有形固定資産には、建設仮勘定を含みません。また分母の従業員数は、原則として、期首・期末の平均従業員数をとりますが、一般には、計算の便宜上、期末従業員数によって計算します。

この比率は業種によって異なりますが、一般に、手作業による労働集約的な生産を行っている企業では低く、自動化や機械化が進んだ資本集約的な生産を行っている企業では高くなります。

◆機械化・省力化・ＩＴ化と労働装備率

人件費の高いわが国では、労働力に頼るよりも、機械や設備に頼るほうがコスト的に見て有利になることが少なくありません。とくに、

近年のIT技術や工業技術の進歩は、人手が介入する余地を著しく減少させています。

機械化・省力化・IT化が進んだ企業では、労働装備率が高くなってきます。多くの企業では、人手に頼る部分と、機械や設備で十分対応できる部分とを明確に区分し、人手に頼る部分を少なくする傾向が強く現れているといえます。

◆改善するためのポイント

この比率を高めるための方策として、大量生産によるスケール・メリットが得られる場合などでは、製造部門の機械化があげられます。また、製造部門以外でも、業務の定型化、標準化、マニュアル化、情報システム化などによって、人手に頼る部分を減らすことも可能であるといえます。

【2】資本生産性を見る

資本生産性に関する比率は、次に示すように資本と付加価値の割合として示され、資本にどのようなものを適用するかによって総資本投資効率、設備投資効率、さらに機械投資効率などに分類できます。いずれも分子には付加価値を、分母には原則として期首と期末の平均額をとりますが、計算の便宜上、期末残高によって計算します。

[1] 資本生産性の良否はどうか [総資本投資効率]

$$\boxed{\text{計算式}} \quad 総資本投資効率 = \frac{付加価値}{総資本} \times 100\% \uparrow$$

◆読み方

総資本投資効率は、総資本に対する付加価値の割合を示し、企業が経営活動に投下した資本がどれだけの付加価値を生み出したかをとら

える指標で、高いほどよいと判断します。

◆**読むときの注意点**

この比率は、投下資本に対する付加価値の割合を示すものなので、総資本経常利益率と並んで、経営の重要な評価指標であるということができます。この比率も、企業の大小、業種・業態によって異なります。したがって、理想標準の設定は困難であるといえます。

◆**付加価値重視の経営**

企業経営の目的は、高い利益の獲得と発展的な存続にあるといえます。しかし、利益を上げるためにはどんな手段を選んでもよいということではありません。

重要なことは収益力であり、そのもとになる生産性であるといえます。企業が新しく生み出す価値である付加価値の大きさを重要なポイントとして認識しなければなりません。つまり、量を重視した経営よりも、質を重視の付加価値の大きさが重要です。つまり、質を重視した経営が大切なのです。

◆**改善するためのポイント**

総資本投資効率は、次のように分解することができます。

$$\frac{付加価値}{総資本}(総資本投資効率) = \frac{付加価値}{売上高}(付加価値率) \times \frac{売上高}{総資本}(総資本回転率)$$

したがって、総資本投資効率を高めるための方策は、付加価値率および総資本回転率を高めることが重要です。なお、その詳細については、「付加価値率」、「総資本回転率」の改善するためのポイントを参照ください。

[2] 設備の投資効率はどうか [設備投資効率]

> **計算式** 　設備投資効率 = $\dfrac{\text{付　加　価　値}}{\text{有形固定資産（建設仮勘定を除く）}} \times 100\%$ ↑

◆読み方

設備投資効率は、有形固定資産と付加価値の割合を示すものです。設備投資が行われて労働装備率が引き上げられても、設備の有効な活用が図られなければ意味がありません。そこで、設備の投資効率を見るときにこれが用いられます。この比率は、高いほうが設備の投資効率がよいと判断します。

◆読むときの注意点

この比率は、業種や規模によって異なります。とくに、生産様式の違いから、中小企業では高く、大企業では低く表れます。またこの比率は単独に見るのではなく、労働生産性（従業員1人当たり付加価値）とあわせて分析・評価することが必要です。

◆設備投資と生産性の向上

企業における人的資源には限りがあります。有限な人的資源をより有効に活用するためには、自動化・省力化が可能なものはできるだけ推進すべきです。

人件費の負担を軽減するために自動化や省力化を実施することは、不可欠な経営課題の1つといえます。設備投資を、どれだけ生産性の向上に貢献させるかが企業経営にとって重要です。

◆改善するためのポイント

設備投資効率は、次のように分解することができます。

$$\underset{\text{（設備投資効率）}}{\dfrac{\text{付　加　価　値}}{\text{有形固定資産}}} = \underset{\text{（付加価値率）}}{\dfrac{\text{付加価値}}{\text{売　上　高}}} \times \underset{\text{（有形固定資産回転率）}}{\dfrac{\text{売　上　高}}{\text{有形固定資産}}}$$

設備投資効率を高めるためには、付加価値率および有形固定資産回転率を高める方策がポイントです。したがって、設備投資を単に抑えるだけでなく、現有設備を有効に活用しながら、付加価値の増大を図ることが大切です。

【3】付加価値の構成状態を見る

労働生産性（1人当たり付加価値）の求め方や判断のしかたなどについては、すでに説明したとおりです。しかし、1人当たり付加価値が向上したからといっても手放しに喜ぶわけにはいきません。付加価値の構成要素には人件費や金融費用などが含まれているので、付加価値の大部分がこのような費用で占められ、利益がほとんどないとすれば意味がないからです。

企業は、付加価値を大きくすることが目的ではなく、利益を上げることに本来の目的があるのです。したがって、生産性の大きさを各比率により求めて観察したら、次に「付加価値の構成状態はどうか」について分析する必要があります。あなたは、図表5－3のE社の付加価値構成率表を見て、どのように判断しますか。

図表5－3　E社の付加価値構成率表

付加価値要素	第21期	第22期	第23期	第24期	第25期
税引後当期経常利益	40%	34%	25%	13%	4%
人件費	30	35	38	45	50
租税公課	6	5	5	6	6
地代・家賃	1	1	2	2	2
特許使用料	1	1	1	1	1
純金融費用	7	9	13	15	17
減価償却費	15	15	16	18	20
合　　計	100	100	100	100	100

E社の付加価値構成の推移は非常に悪くなっています。好ましい状態とは、経常利益（純利益）はなるべく高く、人件費、租税公課、金融費用、減価償却費などの割合はできるだけ低いほうがよいのです。

　一般に、大企業は中小企業より、経常利益、金融費用、減価償却費の構成率が高く、人件費構成率は低いといえます。一方、中小企業は人件費構成率が高いのが特徴です。これは、大企業が資本集約的な生産形態をとっているのに対して、中小企業は労働集約的な生産形態をとっている場合が多いためです。

　しかし、賃上げを行っても、企業の必要利益を確保するために、労働分配率（付加価値に占める人件費の割合）を高めないことが重要なのです。

第6章

キャッシュフロー分析の進め方

1 キャッシュフロー分析の基本

【1】キャッシュフロー分析の重要性

　従来、日本の企業経営は売上を上げ、利益さえ出していれば、銀行が資金の面倒を見てくれました。これは、土地や株式といった保有資産に多大な含み益が生じていることを常として、それを担保に銀行から豊富な資金を調達することができたからです。

　しかし、バブル経済の崩壊後、企業を取り巻く環境は激変しました。土地や株式に含み損があることは珍しくなくなり、安易な銀行からの資金調達は、困難な時代であるといえます。

　さて、2000年3月期の決算時より、財務諸表に「キャッシュフロー計算書」が新たに加わりました。これは、キャッシュフローが従来にも増して、重要視されはじめたからです。

　キャッシュフロー計算書とは、一定期間における企業のキャッシュ（現金および現金同等物）の流れを示す決算書のことです。ここでいう現金同等物とは、安易に換金可能であり、かつ価値の変動について僅少リスクしか負わない短期投資のことです。

　キャッシュフロー計算書は、いわば、事業年度中の営業活動の結果、

どのような取引によりキャッシュが流入し、どのような取引にキャッシュが流出したか、また、その差額としてどれだけのキャッシュが手元に残ったのかを示す一覧表のことです。

では、なぜ従来の貸借対照表、損益計算書に加えてキャッシュフロー計算書が必要になったのでしょう。みなさんは、「**黒字倒産**」という言葉を耳にしますね。会計上、順調に利益を計上し続けている企業が、ある日突然倒産してしまうケースを指します。

今日の企業会計では、売上高は実際の入金に関係なく商品を引き渡したときに売上を計上します。また、費用も実際の支払いの有無と関係なく、その期間の売上に合う金額を費用として計上するのです。「勘定合って銭足らず」とは、実にこの「**発生主義**」による期間損益計算の産物であるといえます。

企業は会計上の利益を計上していても、キャッシュが底をつけば倒産します。企業の経営を分析するうえでは、貸借対照表・損益計算書とあわせて、キャッシュフローの状況を把握・分析することも重要です。

なお、キャッシュフローを分析する際、キャッシュの創出力のみならず、キャッシュの使途やキャッシュの調達源泉に関する分析も行い、総合的に判断することが大切です。

【2】キャッシュフロー計算書のしくみと様式

キャッシュフローベースの経営分析を進めるうえでは、その情報源であるキャッシュフロー計算書を理解する必要があります。

では、分析のしかたや指標の読み方を説明する前に、まず、キャッシュフロー計算書のしくみや様式について理解を深めましょう。

キャッシュフロー計算書は、次の3つの区分で構成されています。

- キャッシュを稼ぎ出す能力→営業活動によるキャッシュフロー
- キャッシュを使う能力→投資活動によるキャッシュフロー

●キャッシュを集める能力→財務活動によるキャッシュフロー

キャッシュフロー計算書の様式例を示すと図表6－1のとおりです。

キャッシュフロー計算書を作成する方法として、直接キャッシュの動きを把握する「**直接法**」と、損益計算書と貸借対照表から誘導的に計算していく「**間接法**」とがあります。

直接法と間接法の様式の違いは、「営業活動によるキャッシュフロー」に表われますが、基本的な構造は同じです。

直接法は、営業活動の各取引ごとにキャッシュの増減を把握したうえで、それを集計して1会計期間のキャッシュの増減を求める方法です。つまり、営業収入や仕入支出、経費支出をそれぞれ総額で示したうえで、それらを差し引きし、結果として「営業活動によるキャッシュフロー」を求めます。

一方の間接法は、損益計算書上の利益を基点として必要な調整項目を加減し、キャッシュの増減を導き出す方法です。この方法は、損益計算書上で計算された税金等調整前当期純利益からスタートします。そして、純利益からキャッシュの流出が伴わない減価償却費、資産の売却損益を加減算します。さらに、営業活動に関わる債権・債務の増減額を加減算することによって「営業活動によるキャッシュフロー」を求めます。

両者は表現する様式が異なるだけで、算出される「営業活動によるキャッシュフロー」は同額です。しかし、実務上は、利益とキャッシュフローの関係が分かり、各取引ごとに入金と出金のデータを調べ直す手間のかからない間接法のほうが広く採用されています。なお、投資キャッシュフローと財務キャッシュフローの様式は全く同じです。

[1] 営業活動によるキャッシュフロー

営業活動によるキャッシュフローは、企業の営業活動によって生じるキャッシュの増減を表わしたものです。

図表6-1 キャッシュフロー計算書の様式

《直　接　法》

キャッシュフロー計算書

I　営業活動によるキャッシュフロー
　　営　業　収　入　　　　　　　　×××××
　　仕　入　支　出　　　　　　　　×××××
　　人　件　費　支　出　　　　　　×××××
　　利息・配当金の受領額　　　　　×××××
　　　………
　　法人税等の支払額　　　　　　　×××××

II　投資活動によるキャッシュフロー
　　有価証券の取得・売却による収支　×××××
　　固定資産の取得・売却による収支　×××××
　　　………

III　財務活動によるキャッシュフロー
　　借入金にかかる収支　　　　　　×××××
　　配当金の支払額　　　　　　　　×××××

IV　現金及び現金同等物の増加額　　×××××
V　現金及び現金同等物の期首残高　×××××
VI　現金及び現金同等物の期末残高　×××××

《間　接　法》

キャッシュフロー計算書

I　営業活動によるキャッシュフロー
　　税金等調整前当期純利益　　　　×××××
　　減　価　償　却　費　　　　　　×××××
　　資　産　売　却　損　益　　　　×××××
　　売上債権の増減額　　　　　　　×××××
　　棚卸資産の増減額　　　　　　　×××××
　　仕入債務の増減額　　　　　　　×××××

II　投資活動によるキャッシュフロー
　　有価証券の取得・売却による収支　×××××
　　固定資産の取得・売却による収支　×××××
　　　………

III　財務活動によるキャッシュフロー
　　借入金にかかる収支　　　　　　×××××
　　配当金の支払額　　　　　　　　×××××

IV　現金及び現金同等物の増加額　　×××××
V　現金及び現金同等物の期首残高　×××××
VI　現金及び現金同等物の期末残高　×××××

図表6-2 キャッシュフロー計算書のしくみ

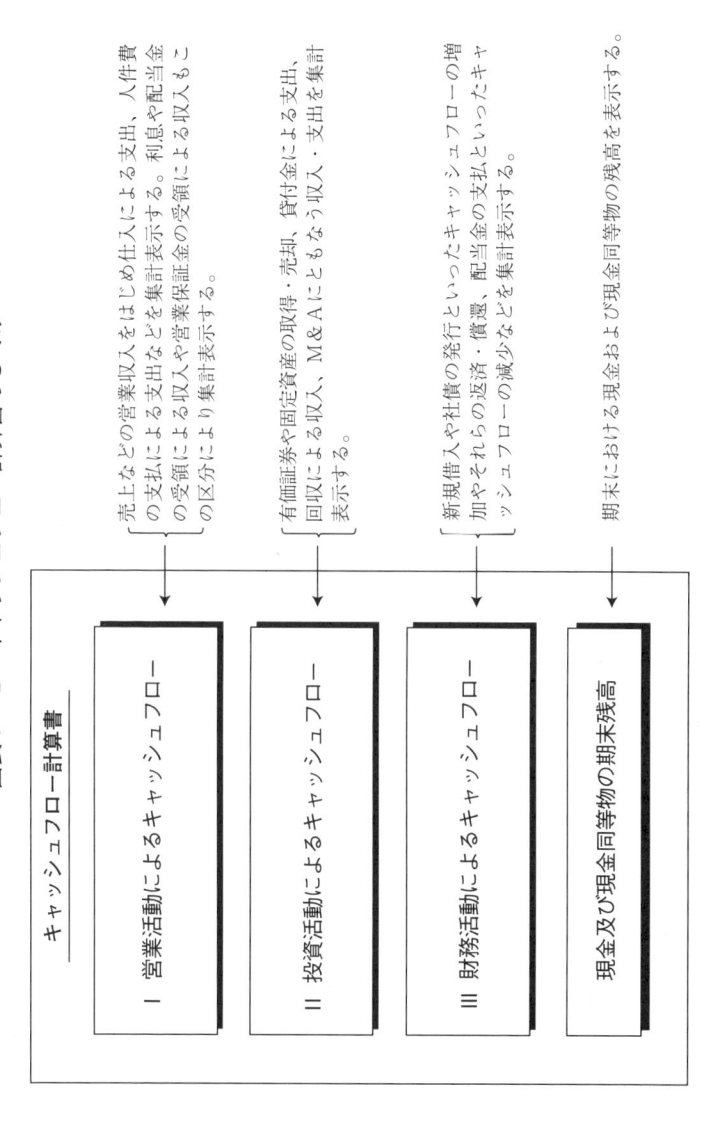

売上などの営業収入をはじめ仕入による支出、人件費の支払による支出などを集計表示する。利息や配当金の受領による収入や営業保証金の受領による収入もこの区分により集計表示する。

有価証券や固定資産の取得・売却、貸付金による支出、回収による収入、M&Aにともなう収入・支出といった集計表示する。

新規借入や社債の発行といったキャッシュフローの増加やそれらの返済・償還、配当金の支払いといったキャッシュフローの減少などを集計表示する。

期末における現金および現金同等物の残高を表示する。

キャッシュフロー計算書

Ⅰ 営業活動によるキャッシュフロー

Ⅱ 投資活動によるキャッシュフロー

Ⅲ 財務活動によるキャッシュフロー

現金及び現金同等物の期末残高

企業の営業活動プロセスにおいて、キャッシュは、購買・生産・販売活動を通じて在庫・売上債権に形を変え、再びキャッシュとして回収されます。また、販売・管理、物流業務において、人件費、荷造運送費、光熱費などの形で費用としてのキャッシュも出ていきます。その結果、費やしたキャッシュと回収したキャッシュの差が企業の儲けとなります。つまり営業キャッシュフローは、大きければ大きいほどよいといえます。

　ところで、売上高が増えても営業キャッシュフローが増えるとは限りません。むしろ売上高が増えれば増えるほど、キャッシュが減っていくケースもあるのです。その理由としては、原価割れ販売や、取引先に対する与信管理の甘さ、リスクの高い代金回収条件の設定などが考えられます。確かに、売上を確保することが営業部門の役割です。しかし、顧客の値引き要求への安易な対応や、採算を度外視した赤字受注、現金取引から手形取引への販売条件の変更などは、明らかにキャッシュフローに悪影響を及ぼすことになります。

　この営業キャッシュフローの良し悪しが、企業の存続に大きく影響することになります。営業キャッシュフローが赤字の場合は危険な状態であり、早期の是正措置が必須となります。

[2] 投資活動によるキャッシュフロー

　投資活動によるキャッシュフローは、企業の投資活動によって生じるキャッシュの増減を表わしたものです。営業活動で稼ぎ出した資金を何に使ったかを示します。企業の経営においては、キャッシュを稼ぎ出すことも大切ですが、キャッシュをいかに有効に使うか、ということも重要です。

　投資キャッシュフローは、現在の事業活動を維持し、将来の事業を起こすための投資であるといえます。例えば、生産性アップや省力化を目的とした設備投資、新規事業参入のために行う研究開発投資や異業種参

入のために行う他社買収、それを実現するために自己が保有する土地や建物を売却することで投資資金を確保する活動などがあります。

投資キャッシュフローを見ると、その企業が行った投資活動、投資内容が分かるのです。営業キャッシュフローで稼ぎ出した資金を投資に回す状態が理想の姿です。したがって、営業キャッシュフローの大きさと、投資キャッシュフローの大きさを比較することが、投資キャッシュフローを読む際のポイントとなります。

[3] 財務活動によるキャッシュフロー

財務活動によるキャッシュフローは、企業の財務活動によって生じるキャッシュの増減を表わしたものです。財務活動は、本業以外の活動のうち、貸借対照表の負債・資本に関連する活動です。

例えば、株式の発行、自己株式の取得、社債の発行・償還、金融機関からの借入、借入の返済などがあげられます。つまり、財務活動によるキャッシュフローは、企業の財務活動による資金の調達と使途を表わすものであるといえます。

財務活動によるキャッシュフローを見る場合、まず、営業キャッシュフロー・投資キャッシュフローとも関連させて、何を目的とし、資金調達を行っているかに目を向けます。その理由は、営業キャッシュフローおよび投資キャッシュフローによるキャッシュの過不足が、財務キャッシュフローで調整されることがあるからです。

財務キャッシュフローを見る場合、その金額がプラスなのかマイナスなのかにも注目します。財務キャッシュフローがマイナスであれば企業に余剰資金があり、それを借入金返済や配当金支払にあてていることが想定され、健全な経営が行われていることがうかがえます。

一方、財務キャッシュフローがプラスであれば、金融機関からの借入や社債の発行などによって資金が外部から調達されていることを意味しています。この場合、本業で稼ぎ出した営業キャッシュフローの

図表6-3　連結キャッシュフロー計算書

(単位:百万円)

科　　目	前連結会計年度 自 平成○○年4月 1日 至 平成○○年3月31日 金　額	当連結会計年度 自 平成○○年4月 1日 至 平成○○年3月31日 金　額
I　営業活動によるキャッシュフロー：		
1.　税金等調整前当期純利益又は税金等調整前当期純損失(△)	△47,601	23,491
2.　減価償却費	28,635	17,310
3.　連結調整勘定償却額	241	138
4.　貸倒引当金の増減額	△1,010	△126
5.　投資有価証券評価額	—	513
6.　ゴルフ会員権評価額	—	32
7.　退職給付(退職給与)引当金の増減額	△19,322	△957
8.　長期未払金の増加額	42,448	—
9.　受取利息及び受取配当金	△958	△1,137
10.　支払利息	2,968	3,014
11.　為替差損	280	879
12.　持分法による投資損益	△4,209	△2,433
13.　投資有価証券売却益	△9,091	△3,152
14.　固定資産売却益	△2,971	△5,795
15.　固定資産除却損	1,151	1,709
16.　売上債権の増減額	11,511	△8,058
17.　棚卸資産の増減額	9,811	△14,863
18.　仕入債務の増減額	3,087	△5,669
19.　従業員預り金の減少額	—	△8,381
20.　その他	△2,470	△684
小　　計	12,501	△4,170

96

21. 利息及び配当金の受取額	959	1,113
22. 利息の支払額	△2,968	△2,938
23. 法人税等の支払額及び還付金	358	△3,094
Ⅰ 営業活動によるキャッシュフロー	10,851	△9,089
Ⅱ 投資活動によるキャッシュフロー：		
1. 有価証券の売却による収入	3,733	—
2. 固定資産の取得による支出	△20,175	△15,082
3. 固定資産の売却による収入	17,137	9,137
4. 投資有価証券の取得による支出	△34,321	△3,546
5. 投資有価証券の売却による収入	45,290	3,381
6. 貸付による支出	△34	△255
7. 貸付金の回収による収入	1,265	905
8. その他	△420	18
Ⅱ 投資活動によるキャッシュフロー	12,474	△5,441
Ⅲ 財務活動によるキャッシュフロー：		
1. 短期借入金の増減額（純額）	△4,666	13,534
2. 長期借入による収入	2,382	8,112
3. 長期借入金の返済による支出	△5,033	△7,197
4. 配当金の支払額	△206	△1,239
5. 少数株主への配当金の支払額	—	△242
6. 少数株主に対する株式の発行による収入	—	22
7. その他	0	△3
Ⅲ 財務活動によるキャッシュフロー	△7,522	12,987
Ⅳ 現金及び現金同等物に係る換算差額	△1,467	887
Ⅴ 現金及び現金同等物の増減額	14,335	△656
Ⅵ 現金及び現金同等物の期首残高	17,923	33,632
Ⅶ 新規連結子会社の現金及び現金同等物の期首残高	1,373	351
Ⅷ 連結除外子会社の現金及び現金同等物の期首残高	—	△602
Ⅸ 現金及び現金同等物の期末残高	33,632	32,725

不足分を穴埋めするために使われたのか、事業拡大をめざした設備投資のために使われたのかを分析する必要があります。

キャッシュフロー計算書の実例を示すと、図表6-3のとおりです。

キャッシュフローの状況を見ると、当連結会計年度における連結ベースの現金および現金同等物は、前連結会計年度に比べ6億56百万円減少（前期は143億35百万円増加）し、期末残高は327億25百万円であることが分かります。

営業活動によるキャッシュフローについては、今期は、税金等調整前当期純利益が234億91百万円あったものの、棚卸資産の増加、売上債権の増加、仕入債務の減少、従業員預り金制度の廃止に伴う従業員預り金の減少により、営業活動の結果使用した資金は90億89百万円（前期得られた資金は108億51百万円）となっています。

投資活動によるキャッシュフローについては、今期は設備投資を抑制していますが、投資有価証券や固定資産の売却による収入が減少したため、投資活動の結果使用した資金は54億41百万円（前期得られた資金は124億74百万円）となっています。

財務活動によるキャッシュフローについては、今期は、主に、長期および短期借入金の増加によって、財務活動の結果得られた資金は、129億87百万円（前期使用した資金は75億22百万円）となっています。

【3】キャッシュフロー計算書の分析

キャッシュフロー計算書は、1会計期間における企業の資金状況を主要な3つの経営活動別に表示したものであることが分かりました。

では、このキャッシュフロー計算書をベースに経営分析を進めるうえで、重要な経営指標の求め方、読み方、改善するためのポイントなどについて見ていきましょう。

[1] 本業でのキャッシュフロー獲得能力はどうか
[営業キャッシュフロー・マージン]

計算式　営業キャッシュフロー・マージン ＝ $\dfrac{\text{営業キャッシュフロー}}{\text{売上高}} \times 100\%$ ↑

◆**読み方**

営業キャッシュフロー・マージンは、売上高に対しどのくらいの営業キャッシュフローを生み出されているかを表わす指標です。いわば、損益計算書分析の売上高営業利益率のキャッシュフロー版といえます。売上高は営業活動の結果として最も端的に表われる数字です。営業活動の努力の結晶だといってよいでしょう。この比率が高ければ高いほど、本業でのキャッシュ獲得能力が高く、収益基盤が強固であるといえます。

◆**読むときの注意点**

この比率は高いほど、借入金などによるキャッシュ・イン・フローに頼ることなく、本業の収益を基礎にキャッシュを生み出していると判断できます。

この比率の低い企業は、企業経営に必要なキャッシュを借入金や株式の売却など、本業以外のところで補っていることが多くなります。また、急成長している企業は、この比率が低くなりがちなので要注意といえます。

◆**キャッシュと黒字倒産**

会計上の利益が出ていても、売上債権の回収不良、在庫の急増などに資金を食われ、それを賄うお金がなければ企業は倒産に追い込まれてしまいます。これを「黒字倒産」といいます。

黒字倒産は、急成長をみせる新興企業に多く見受けられます。市場の急拡大に合わせ、工場の新設や在庫の積増しを急いでしまいます。しかし、それらは企業の血液ともいえるキャッシュを固定化すること

になります。借入金や株式の売却などによるキャッシュ・イン・フローでその不足分を補えば問題ありませんが、できなければキャッシュが底を尽きたときに支払能力が低下し、やがては倒産ということになります。

　企業は、損益計算上の利益の大きさが大切ですが、同時に営業キャッシュフローの向上も企業を発展させるためには重要な要素となります。

◆改善するためのポイント

　売上がいくら上がってもキャッシュフローをまったく稼げないのでは、企業経営は成り立ちません。売上を上げた結果としてきちんと利益を出し、さらに、営業キャッシュフローを生み出すことが重要不可欠です。

　営業キャッシュフローの向上のためには、次の事項がポイントになります。

- 売上債権の早期回収
- 余剰在庫の削減
- 仕入債務支払の延長、etc

[2] 利益から生まれるキャッシュはどうか
[営業キャッシュフロー当期純利益率]

計算式　営業キャッシュフロー当期純利益率 $= \dfrac{当期純利益}{営業キャッシュフロー} \times 100\%$ ↑

◆読み方

　営業キャッシュフロー当期純利益率は、営業キャッシュフローに占める当期純利益の割合を示したものです。当期純利益は、営業キャッシュフローの中で最も重要な要素です。この比率が高いほど経営活動からの資金獲得能力があるといえるでしょう。

◆読むときの注意点

この比率が高い企業は、総合的な経営活動の収益によりキャッシュを回収できているといえます。つまり、売上債権の回収強化や余剰在庫の圧縮などの一時的な改善による営業キャッシュフローの向上ではなく、企業が儲かることによって営業キャッシュフローが向上していると判断できます。

　ただし、逆に売上債権の長期化や余剰在庫の発生を原因として営業キャッシュフローが減少し、その結果、この比率が高い場合には、黒字倒産を招く危険性があるので注意が必要です。

　また、資産の売却などによる営業外収益や特別利益の割合が大きい場合も、この比率が高いからといって継続的な収益力があると断定することはできません。営業利益が高い割合を示し、かつ当期純利益が高い割合であれば、営業キャッシュフローの収益性が高いといえます。

◆**当期純利益と減価償却費**

　営業キャッシュフローを構成する要素の中で重要なものは、当期純利益と減価償却費です。当期純利益と減価償却費を比較した場合に、当期純利益は比較的変動幅が大きく、業績不振などの場合には、大きくマイナスとなることもあります。

　当期純利益の割合が大きければ大きいほど、営業活動による本来の利益に依存したキャッシュフロー経営を行っている証であり、企業として発展性・成長性が期待できます。

　一方、減価償却費は大規模な設備投資や設備の売却がない限り、大きく変動することはありません。つまり、減価償却費は、営業キャッシュフローを継続して安定的に供給する要因となるのです。

　例えば、電力・ガス会社や鉄道会社など巨額の設備を必要とする業種においては、営業キャッシュフロー当期純利益率が低くてもあまり問題になりません。

◆**改善するためのポイント**

　営業キャッシュフロー当期純利益率の向上のためには、本業として

の営業活動を展開し、収益性の向上を図ることです。

この比率が、営業キャッシュフローの減少によってアップするようでは本末転倒です。やはり、分母と分子の両方を向上させつつ、かつ、この比率が向上することが理想です。

また、当期純利益は、営業利益や営業外損益、特別損益から構成されますが、重要なのは営業利益の向上です。継続的な収益性の維持、向上を達成するには本業重視の経営姿勢が大切です。

[3] 短期的な財務安全性はどうか
[キャッシュフロー版当座比率]

> **計算式**　キャッシュフロー版当座比率 ＝ $\dfrac{\text{営業キャッシュフロー}}{\text{流　動　負　債}}$ ↑
> （注）単位は倍率で示します

◆読み方

キャッシュフロー版当座比率は、営業キャッシュフローが流動負債の何倍あるかを示したものです。これは、貸借対照表の安全性分析で用いる当座比率のキャッシュフロー版といえます。この比率は営業活動から得たキャッシュによってどれだけ流動負債の返済を賄えるかを示しています。したがって、高ければ高いほど財務の安全性は高いと判断できます。この比率は１倍以上が望ましいとされています。

◆読むときの注意点

この比率が高い企業は、短期的な資金需要に対応できる能力が高いといえます。つまりこの比率が高いほど、借入金などによるキャッシュ・イン・フローに頼ることなく、本業たる営業活動の収益を基礎としたキャッシュによって、買掛金や短期借入金などの短期的な負債を返済できる能力があることを意味します。

また、収益性の低い流動資産としてキャッシュを維持する必要はなくなり、より収益性の高い部門へキャッシュを投下する能力があると

いえます。

◆**財務安全性とキャッシュフロー**

財務安全性を見る指標として、貸借対照表上の当座比率があります。では、なぜキャッシュフローで計るのでしょうか。それは、借入金の返済原資はあくまでもキャッシュであり、その意味でキャッシュフロー、とくに営業キャッシュフローからの返済能力を知る意味は大きいのです。

また、キャッシュフロー重視の経営を展開すると、企業は恣意的に当座比率を圧縮して、資金や資産の運用効率を上げることになります。その場合、十分なキャッシュフローを生み出しながら、当座資産が圧縮されるため、貸借対照表上の当座比率が表面上悪くなる傾向があります。このような場合、キャッシュフローから算出したキャッシュフロー版当座比率のほうが財務安全性を判断するうえでより正確といえます。

◆**改善するためのポイント**

キャッシュフロー版当座比率向上のためには、次の事項がポイントになります。

- 資金調達源泉の長期化を図る
- 本業たる営業活動の収益性の向上を図る
- 増資による自己資本の調達と流動負債の圧縮、etc

[4] 長期的な財務安全性はどうか [キャッシュフロー比率]

計算式　キャッシュフロー比率 ＝ 営業キャッシュフロー / 長期有利子負債　↑
（注）単位は倍率で示します

◆**読み方**

キャッシュフロー比率は、長期有利子負債に対する営業キャッシュフローの返済能力を示します。ここでいう長期有利子負債とは、長期

借入金や社債、転換社債などのことを指します。この比率は、高ければ高いほど長期的な財務安全性は高いと判断できます。

◆読むときの注意点

設備投資のために生じた長期借入金や社債などの返済原資は、減価償却による営業キャッシュフローを通じて回収されたキャッシュで行われることが原則です。したがって、この比率が低いということは、この原則が崩れ、短期借入金によるキャッシュや資産売却によるキャッシュによって返済原資が捻出されている可能性が高いといえます。したがって、その企業の財務安全性は低いことになります。

ただし、転換社債、新株引受権付社債（ワラント債）が長期有利子負債の多くを占めている場合、比率が低いから財務安全性が低いと判断してはいけません。なぜなら、それらは将来、自己資本に振り替えられる可能性があるからです。

◆資金調達と転換社債

転換社債は、その発行時に貸借対照表上、長期有利子負債として計上されますが、転換や権利行使が進めば返済義務のない自己資本として振り替えられる性質のものです。投資家にとっては投資リスクの軽減というメリットが受けられ、企業側にとっては低コストでの資金調達が可能であることから、バブル景気時には多用されました。

しかし、効力を発揮するには、業績が右肩上がりという前提があってのことです。業績の低迷によって株価の下落が続けば転換や権利行使は進まず、過度の発行は、結果的にキャッシュフロー比率を悪化させ、財務安全性を損う原因となります。

◆改善するためのポイント

キャッシュフロー比率向上のためには、次の事項がポイントになります。

- 自己資本の充実を図る
- 本業たる営業活動の収益性の向上を図る

キャッシュの調達源泉には、利息と元本の返済義務をともなう他人資本（負債）と、それらをともなわない自己資本（資本）があります。財務安全性の向上を図るためには、自己資本の充実が欠かせません。

[5] 長期有利子負債の返済能力はどうか
[キャッシュフロー版インタレスト・カバレッジ・レシオ]

> **計算式**　キャッシュフロー版インタレスト・カバレッジ・レシオ ＝ $\dfrac{\text{営業キャッシュフロー＋利息支払額＋税金}}{\text{利　息　支　払　額}}$ ↑
> （注）単位は倍率で示します

◆読み方

この指標は、損益計算書分析で用いるインタレスト・カバレッジ・レシオのキャッシュフロー版といえます。この比率は、高ければ高いほど、有利子負債の金利返済に余裕がある、すなわち利払能力が高いと判断できます。この指標は、企業の支払能力に的を絞った見方をしようというもので、1倍以下であれば、当然問題ありということができます。

◆読むときの注意点

借入金や社債による資金調達には、支払利息の発生がともないます。この支払利息は、営業活動から生じるキャッシュ・イン・フローによって賄われなければなりません。したがって、この比率が1倍以下であった場合、財務安全性は極めて不健全であるといえます。

しかし、この比率が高い場合であっても、有利子負債の有効活用の有無を収益性と照らし合わせて検討する余地があります。一般に、利益率が金利以上の投資案件であれば、有利子負債を活用して、収益性の向上を図ることが望ましいといえます。

◆支払利息と配当

財務安全性を考慮した場合、有利子負債は少ないほど好ましいことはいうまでもありません。しかし、利益率とのバランスを考えれば、

一概にそれが少ないほうがよいといい切れません。

自己資本は利息の支払義務がないことから、有利な資金調達方法といえます。しかし、実際には、株主に対して「配当」という形で、企業にとっての資金調達コストは発生します。これは義務ではありませんが、配当を全くしないような企業に投資する投資家はいません。そこで、有利子負債の有効活用が検討されるのです。

支払利息は、会計上費用ですので、利益に対してマイナス効果があります。しかし、税法上、損金として認められる分、利益の40％超にもなる法人税などが節約されます。

一方、同額の自己資本に対する配当は利益には影響しませんが、税金を考慮した場合、配当する金額の倍近くのキャッシュを用意する必要が生じます。キャッシュフロー重視の経営を志向する場合、有利子負債の有効活用は重要な経営手段となる場合もあるのです。

◆改善するためのポイント

キャッシュフロー版インタレスト・カバレッジ・レシオの向上のためには、過度の長期借入金や社債などの利用を抑えることです。

[6] 設備投資は適正水準か [設備投資比率]

> 計算式　設備投資比率 = $\dfrac{設備投資額}{営業キャッシュフロー} \times 100\%$ ↓

◆読み方

設備投資比率は、設備投資額が営業キャッシュフローでどのくらいカバーされているかを示します。設備投資は投資の中で最も比重が大きく、投資の健全性を把握するためには重要な指標といえます。この比率は低ければ低いほどムリのない設備投資が行われ、逆に高ければ高いほど借入金などによるムリな設備投資が行われている可能性が高いと判断できます。

◆**読むときの注意点**

　設備投資を行う場合、その投資額は減価償却を通じて回収されることになります。そして、その減価償却費は、営業キャッシュフローの額に影響します。

　減価償却の方法は、会計上、複数の方法から選択することができます。定額法を採用している場合は、期間比較も問題ありませんが、定率法を採用しているときは注意が必要です。定率法を採用している場合は、償却が進むにつれて、営業キャッシュフローが減少し、設備投資比率が高く（悪く）なる傾向があります。

　逆に初期の頃は減価償却費は大きく計上されるので、設備投資比率は低くなります。期間比較を行う際は、採用する減価償却の方法も吟味し検討する必要があります。

◆**設備投資とキャッシュフロー**

　企業は将来のキャッシュフローを大きく創出するために、設備投資は不可欠な要件です。現事業の維持、拡大だけでなく、新規事業進出への投資も積極的に行っておかなければ、長期的な企業成長は望めません。

　しかし、過大な設備投資を続けることは、企業の財務安定性を崩してしまう場合が少なくありません。営業キャッシュフローを超える設備投資を長年にわたって続けると、資産の売却、増資、借入に依存せざるをえなくなり、企業の財務バランスを崩してしまいます。

　もちろん、成長分野やコア事業への設備投資は積極的に行うべきですが、自社のキャッシュフローとキャッシュ残高の両方を考慮に入れ、バランスのとれた設備投資を行うべきです。

◆**改善するためのポイント**

　設備投資比率の向上のためには、設備投資による営業キャッシュフローを大きく生み出すことはいうまでもありません。同時に過剰な投資を抑制することです。

[7] 投資額は適正水準か [投資比率]

> **計算式**　投資比率 = $\dfrac{\text{投資キャッシュフロー}}{\text{営業キャッシュフロー}}$ ↓
>
> （注）単位は倍率で示します

◆読み方

投資比率は、営業キャッシュフローで得たキャッシュのうち、どれだけを投資キャッシュフローに回されたかを示します。この指標は高ければ高いほど、積極的な投資を行っていることになります。反面、過大投資をしていることも考えられます。したがって、数値が高い場合は、その内容・効率などをよく吟味する必要があります。

一方、この指標が低すぎても、投資額が必要以上に圧縮され、企業の存続や成長性を阻害する可能性が生じます。企業規模や企業体質から見た投資判断基準の見直しが必要です。

◆読むときの注意点

一般に投資は、営業キャッシュフローの範囲内で行うべきであるとされています。この範囲を超えると、借入金によって投資を行っている可能性が高く、結果として、財務安全性が阻害されます。しかし、巨額のキャッシュの流出をともなう設備投資やM＆Aなどがあった場合、この比率は飛躍的に高まります。財務安全性を検討する際、このような臨時的な要因を把握したうえで、時系列的に分析する必要があります。

◆投資キャッシュフローの最適管理

企業は本業たる営業活動で得たキャッシュを、配当や負債の返済、将来の収益獲得のための投資へと配分します。生み出したキャッシュを貯め込むだけでは、企業の将来は危ういものとなるでしょう。貯めるだけでは万全とはいえません。投資におけるキャッシュの使い方により、全社のキャッシュフローが大きく変わるのです。投資キャッシュフローの最適管理を行うことも、キャッシュフロー経営において重要

な課題の1つです。

　投資キャッシュフローにおける管理の重要な点は、次の3つです。

①投資内容および金額が適切な判断で行われているか。

②設備投資、M&A、有価証券投資、その他投資のバランスが適切か。

③非効率な投資が存続していないか、投資撤退の判断に遅れはないか。

◆**改善するためのポイント**

　投資比率向上のためには、次の事項がポイントになります。

- 過剰な設備投資を抑える
- 自社の事業ドメイン（領域）から外れた事業に投資しない
- 非効率な投資を排除する
- 投資の限度額、投資対象のチェック体制の確立、etc

第7章

損益分岐点の分析

1 損益分岐点の基本

【1】損益分岐点とは赤字と黒字の分かれ道

　損益分岐点とは、読んで字のとおり、損になるか益になるかの分岐点をいいます。つまり、損益がトントンになる売上高のことです。一定期間の売上高がその分岐点を超えて増加すれば利益が生じますが、売上高が減少してその分岐点を下回れば損失が生じるという、損益の分かれ目の売上高のことをいうのです。

　ところで、損益分岐点には広狭2つの意味があります。狭い意味では、損益がトントンになる売上高、つまり採算点のことです。広い意味では、収益・費用・損益の関係、つまり採算の関係をいいます。

　損益分岐点分析は、損益がトントンである売上高である狭義の損益分岐点を出発点として、さらに収益・費用・損益の三者の関係を分析することによって有効な情報が得られます。例えば、ある一定の売上のときいくらの損益が生じるのか、目標とした利益を達成するためにはいくらの売上が必要なのか、また、同業他社と比べて採算の状態や経営の余裕度はどうか、望ましい企業体質にするためには何がポイントか……などの検討に役立ちます。

【2】費用を「固定費」と「変動費」に分ける

[1] なぜ費用を区分するのか

　損益計算書は、一定期間における売上高・費用・損益の状態を示す決算書です。株主総会や税務署に提出する通常の損益計算書では、費用は売上原価、販売費および一般管理費、営業外費用、特別損失という区分になっています。外部に発表する場合には、この区分が必要になります。

　しかし、費用の中には性質の異なる2つの費用があります。つまり、売上高に比例的に増減するかどうかの観点から、「固定費」と「変動費」に区分すれば、さらにいろいろと役に立つ情報が得られます。売上高に比例的に増減するのが変動費で、そうでない費用が固定費です。固定費と変動費については、後で詳細に説明しますので、とりあえず、図表7－1のA社とB社の損益計算書を比較してください。

図表7－1　費用は同じでも構成状態が違う

```
              損 益 計 算 書

              （A社）           （B社）
   売上高    1,000億円         1,000億円
   総費用      900              900          費
    利 益      100              100          用
                                             を
                                             区
                                             分
                                             す
                                             れ
                                             ば
   売上高    1,000            1,000
   変動費      500 ←            750 ←
   固定費      400 ←            150 ←
    利 益      100              100
```

A社・B社の売上高、総費用、利益、そして売上高利益率は同じです。しかし、すべての費用を変動費と固定費に区分すれば、費用の構成状態には違いが出てきます。

　費用の構成状態が違うことによって、両社の売上増減が同じでも、利益は違ってくるのです。また、損益分岐点も違います。したがって、費用を区分するのは、それなりに大きな意義があるのです。

[2] 固定費・変動費とは

　損益分岐点の分析を行うにあたって、まずは、すべての費用を「固定費」と「変動費」に区分しなければなりません。

　区分のしかたについては後で述べるとして、固定費とか変動費は、どのような費用なのかを見ておきましょう。

　固定費とは、売上高の増加や減少に関係なく、一定期間において一定額かかる費用のことです。例えば、人件費（基本給）、減価償却費、賃借料、保険料、租税公課などです。これらの費用は、開店して営業しようと閉店休業しようと関係なく一定額かかる費用です。製造業においても、会社の操業とは関係なくかかる費用ということになります。

　このように固定費は、期間総額では固定的な費用です。しかし、製品1個当たり、または売上単位当たりから見れば、売上高いかんによって変動する費用になるという点にも留意しなければなりません。

　変動費とは、売上高の増加とか減少の影響を受ける費用で、売上高が増大すると費用も増加し、売上高が減少すると費用も減少する費用のことです。つまり、売上高の増減に応じて一定期間の総額が比例的に増減する費用を変動費といいます。例えば、材料費、外注加工費、商品仕入高、運送費、包装費などです。

　これら変動費は、期間総額では売上高に比例して増減する費用です。しかし、製品1個当たり、または売上単位当たりから見れば、変動しない費用ということになります。

[3] 費用区分の要領は

　原材料費や減価償却費のように、固定費・変動費のどちらであるかがはっきり区分できるものはよいのですが、実際には混合している費目が多いのです。変動費と固定費に厳密に分けることは不可能です。

　費用を区分する目的は、正確に区分すること自体が目的ではなく、経営改善に役立てることです。したがって、あまり神経質に考えないで、はじめはおおまかに区分して、必要に応じて細かく区分するという要領で行います。

　とくに他社分析の場合には、入手できる資料には限界がありますので、おおまかな費用区分にとどまります。おおまかな方法であっても、利益構造の状態をつかむことはできます。

　自社分析であれば詳細な資料が利用できますが、正確に区分できないのは同じです。他社分析のそれより細かくできるにしても、限界があります。

　費用を区分するときに、実務であまり手数をかけないよう、次のようなやり方がよく用いられています。

- 材料費や外注加工費（外注費）、運送費などのように変動費であることがはっきりしている費目については変動費とする。
- 電力費のように、固定費（基本料金）と変動費がはっきりしているものは区分する。
- その他の費用は、すべて固定費とする。

[4] 勘定科目分解法とは

　費用を固定費と変動費に区分することを「**費用分解**」といいますが、その方法には、[3]で述べた方法以外にも勘定科目分解法、変動費率法、散布図表法、最小自乗法などいろいろあります。これらの中で一般に用いられているのは、「勘定科目分解法」です。

　この方法は、理論的な方法とはいえませんが、容易でかつ実践的で

あることから、実務では広く用いられています。

勘定科目分解法は、図表7−2に例示するように、企業の実態、費目の性質や内容を考えて、費目ごとに変動費と固定費の割合を決めます。そして、その割合に応じて区分するのです。

図表7−2　勘定科目分解法の例

(単位：百万円)

項　　目	費用の割合		第　○　期		
	変動費%	固定費%	金　　額	変動費	固定費
売 上 原 価					
材　料　費	100		1,800	1,800	
労　務　費	20	80	600	120	480
外　注　費	100		1,100	1,100	
電　力　費	50	50	40	20	20
減価償却費		100	300		300
〜〜〜〜〜	〜〜〜	〜〜〜	〜〜〜	〜〜〜	〜〜〜
費 用 合 計			4,430	3,100	1,330

この例では、労務費は20：80、電力費は50：50になっています。これは、このようにやるべきものだということではありません。この会社の場合は、これが適当だとして、こうしただけのことです。つまり、労務費については、基本給が8割で残業手当が2割程度あり、電力費については、基本料金が5割を占めているという前提です。

結果的には、すべての費用が区分され、変動費31億円、固定費13億3,000万円となりました。

2 損益分岐点はどのように求めるか

【1】損益分岐点の公式は

損益分岐点とは、損益トントンの売上高のことです。損益分岐点は、次のように求めます。

$$損益分岐点 = \frac{固定費}{1-\dfrac{変動費}{売上高}} = \frac{固定費}{1-変動費率} = \frac{固定費}{限界利益率}$$

さて、公式を使ってA社の損益分岐点を求めてみましょう。A社の損益計算書は次のとおりです。この損益計算書は、株主総会や税務署に提出する際の様式ではなく、すべての費用を固定費と変動費に区分して作り替えたものです。つまり、費用分解はすでに終わっているということです。

---- A社の損益計算書 ----

売上高	1,000万円
変動費	(−) 600
限界利益	400
固定費	(−) 300
経常利益	100

A社の損益分岐点を求めると、次のようになります。

$$損益分岐点 = \frac{固定費}{1-\dfrac{変動費}{売上高}} = \frac{300}{1-\dfrac{600}{1,000}} = \frac{300}{0.4} = 750万円$$

損益分岐点は、低いほどよいということはいうまでもありません。A社は、750万円以上の売上があれば利益が出てくるのですが、750万円以下ですと赤字になってしまうというわけです。ここでは、分かりやすい数字を使っていますが、実際の場合であっても、計算要領は全く同じです。

また、損益分岐点は、一般に売上高という金額で表しますが、数量・人員・回数で表すこともできます。例えば、損益分岐点を数量で表す場合は次の算式で求めます。

$$損益分岐点(数量) = \frac{固定費}{売価-\dfrac{変動費}{販売数量}} = \frac{固定費}{1個当たり限界利益}$$

【2】限界利益とは何か

先程の計算式に出てきた限界利益とは、売上高から変動費を差し引いた残りのことをいいます。そして、限界利益から固定費を差し引いた残りが、利益となるのです。これを計算式で示すと、次のようになります。

売 上 高－変動費＝限界利益
限界利益－固定費＝利益

これから分かるように、

|限界利益| < |固 定 費| の場合は赤字となり、
|限界利益| = |固 定 費| の場合はトントンとなり、
|限界利益| > |固 定 費| の場合は黒字となります。

ところで、限界利益の限界とは、体力の限界や能力の限界という場合の"限界"とは意味が違うことにお気づきのことと思います。

そこで、限界利益を正しく理解するために、図表7－3によって段階的に説明します。

図表7－3　限界利益とは

A社の損益計算書
- 売 上 高　　　　1,000万円
- 変 動 費　　(－)　600
- 限界利益　　　　　400
- 固 定 費　　(－)　300
- 経常利益　　　　　100

	売 上 高	変 動 費	限界利益	固 定 費	損　　失
(1)	200万円	120万円	80万円	300万円	(－)220万円
(2)	400	240	160	300	(－)140万円
(3)	750	450	300	300	0
(4)	800	480	320	300	(＋) 20
(5)	1,000	600	400	300	(＋)100

まず固定費の欄は、はじめから300万円となっていることに気づかれると思います。固定費は、売上の増減に関わりなく期間総額では一

定額かかる費用なので、はじめから300万円になっています。

1行目を見ると、売上高200万円のときには、限界利益80万円で固定費より少ないので損失は220万円となります。

3行目を見ると、売上高750万円のときには、限界利益300万円で固定費300万円と同額になります。つまり、損益分岐点の状態になります。これから分かるように、損益分岐点とは、限界利益と固定費が一致するときの売上高をいうのです。

4行目以降は、売上高の増加に比例して限界利益も増えるので、限界利益が固定費よりも大きくなり、その差額が利益ということになります。

このように、単位当たりの限界利益が少なくても、売上高が増加すれば固定費を負担し、さらに利益を生み出す限界利益が得られます。限界利益は固定費の回収と利益実現に寄与するもので、その程度のいかんによって収益性に大きな影響を与えるのです。

【3】限界利益率・変動費率とは何か

限界利益率とは、売上高に対する限界利益の割合のことで、この比率は高いほど採算性が高い（うまみがある）と判断します。

$$限界利益率 = \frac{限界利益}{売上高} \times 100\% \uparrow$$

変動費率とは、売上高に対する変動費の割合のことで、この比率は低いほどよいと判断します。

$$変動費率 = \frac{変動費}{売上高} \times 100\% \downarrow$$

限界利益率と変動費率の関係は、表裏の関係にあります。次のよう

に、両者を加えるとちょうど100％になるのです。

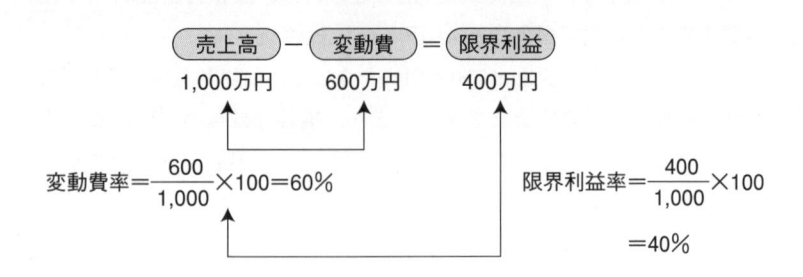

$$売上高 - 変動費 = 限界利益$$
$$1,000万円 \quad 600万円 \quad 400万円$$

$$変動費率 = \frac{600}{1,000} \times 100 = 60\%$$

$$限界利益率 = \frac{400}{1,000} \times 100 = 40\%$$

限界利益率や変動費率は、損益分岐点の計算に必要であるだけでなく、採算計算や企業体質の把握、さらに利益計画を立てる際に、極めて重要な指標だということができます。

【4】項目が変化するときの損益分岐点

損益分岐点を求める基本公式については、すでに見ました。では、項目が変化するときの公式と、その計算方法について、前述のA社の例で説明します。

```
――― A社の損益計算書（今期の実績）―――

  売上高        1,000万円
  変動費        (－) 600
     限界利益      400
  固定費        (－) 300
     経常利益      100
```

[1] 販売価格・変動費率・固定費が一定である場合

①ある一定の売上高のときに生じる損益を求める公式

$$損益 = 売上高 - 変動費 - 固定費$$
$$= 売上高 \times \left(1 - \frac{変動費}{売上高}\right) - 固定費$$

例えば、A社は、売上高1,500万円を上げると、そのときの損益はいくらになるか、上式で求めると次のようになります。

$$損益(x) = 1,500 \times \left(1 - \frac{600}{1,000}\right) - 300 = 300 万円$$

②ある一定の利益を上げるために必要な売上高を求める公式

$$必要売上高 = \frac{固定費 + 目標利益}{1 - \dfrac{変動費}{売上高}} = \frac{固定費 + 目標利益}{限界利益率}$$

前例A社が、目標利益200万円を上げるには、次の売上高が必要になります。

$$必要売上高 = \frac{300 + 200}{1 - \dfrac{600}{1,000}} = 1,250 万円$$

③ある一定の売上高のとき生じる赤字をなくすのに必要な固定費節減額

$$固定費節減額(x) = 固定費 - 売上高 \times \left(1 - \frac{変動費}{売上高}\right)$$
$$= 固定費 - 売上高 \times (1 - 変動費率)$$

121

前例A社が、売上高650万円（損益分岐点750万円）しか上げられないときに、この赤字をなくすために必要な固定費の節減額は次のようになります。

$$固定費節減額(x) = 300 - 650 \times (1 - \frac{600}{1,000}) = 40万円$$

[2] 販売価格・変動費率・固定費が変化する場合

①製品の販売価格が、次期は当期に比べて、ある率が変化するときの損益分岐点を求める公式

$$損益分岐点(x) = \frac{固定費}{1 - \dfrac{変動費}{売上高(1 \pm 変化率)}}$$

前例A社で、製品の販売価格の10％減少が見込まれるときには、損益分岐点は次のように高くなります。

$$損益分岐点(x) = \frac{300}{1 - \dfrac{600}{1,000(1-0.1)}} ≒ 900.9万円$$

（注）分母の変動費率の計算に際しては、小数点第4位を四捨五入しています。

②固定費が次期は当期に比べて、ある額が増減すると見込まれる場合の損益分岐点を求める公式

$$損益分岐点 = \frac{固定費 \pm 増減固定費}{1 - \dfrac{変動費}{売上高}} = \frac{固定費 \pm 増減固定費}{限界利益率}$$

前例A社の固定費が、次期に50万円増加すると見込まれる場合の損益分岐点は、次のように高くなります。

$$損益分岐点(x) = \frac{300 + 50}{1 - \dfrac{600}{1,000}} = 875万円$$

③複数の項目が変化する場合の必要売上高を求める公式

$$必要売上高 = \frac{現在固定費 + 増減固定費 + 目標利益}{1 - \dfrac{変動費}{売上高(1 \pm 変化率)}}$$

前例A社の目標利益200万円、増加固定費50万円、販売価格は当期の10％が低下するものと予想される場合の必要売上高は、次のようにして求めます。

$$必要売上高 = \frac{300 + 50 + 200}{1 - \dfrac{600}{1,000(1 - 0.1)}} \fallingdotseq 1,652万円$$

(注) 分母の変動費率の計算に際しては、小数点第4位を四捨五入しています。

3 図表によって損益分岐点を求めるには

【1】利益図表とはどのようなものか

損益分岐点は、公式によって求める方法だけではなく、図表で求めるこ

ともできます。この図表を「**利益図表**」または「**損益分岐点図表**」といいます。

利益図表は、売上、費用、損益の関係を視覚によってとらえることができる利点があります。例えば、損益分岐点はいくらか、目標利益を上げるのに必要な売上高はいくらか、固定費が増減したときの状態などが分かります。

利益図表を例示すると図表7－4のようになります。これは、売上高1,000万円、変動費600万円、固定費300万円、経常利益100万円という損益計算書によって作成したものです。この図表から損益分岐点750万円を読みとることができます。また、目標利益200万円を上げるには、売上高は1,250万円必要だということも分かります。

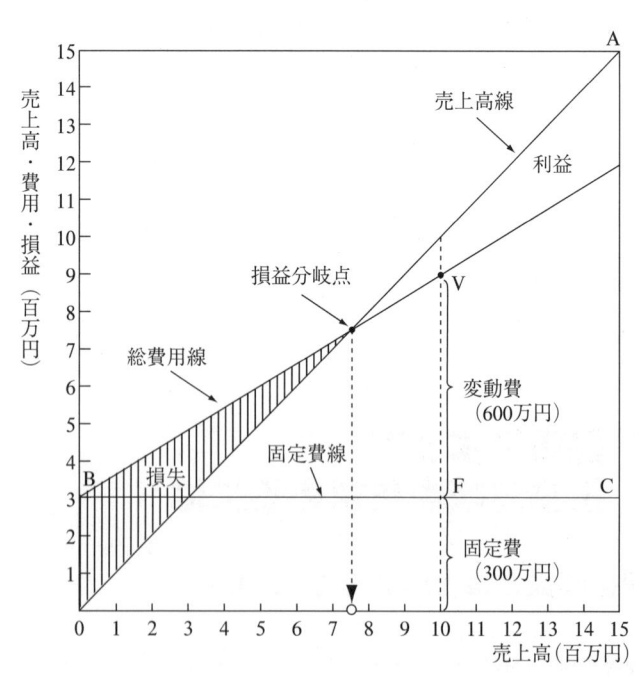

図表7－4　利益図表（その1）

しかし、利益図表は概念図であって、実態をそのまま示すものではありません。例えば、固定費は売上高の増減には比例しないので横軸に平行にとりますが、実際には同額ということはありません。また、売上高ゼロを考えても意味がありません。しかし、現在の売上高を中心に、ある範囲内の状態が分かればよいのです。

【2】利益図表の作り方（その1）

　利益図表の作成手順を説明します。あなたもぜひ作ってください。これから作る利益図表は、次頁上段に掲げた損益計算書の実績データに基づいて描くことにしましょう。

1．まず方眼紙を用意してください。縦軸と横軸に同じ金額単位の目盛をつけます。縦軸は売上高・費用・損益で、横軸は売上高を示す正方形を作ります。
2．正方形の左下の原点0（ゼロ）と右上のA点とを結ぶ対角線を引きます。この0A線は売上高線です。
3．固定費は300万円なので、縦軸に固定費300万円をとり、横軸に平行に線を引きます。この線を固定費線といいます（BC線）。
4．損益計算書の売上高は1,000万円です。横軸1,000万円の上に垂線を立てます。
5．変動費は600万円です。垂線上の固定費F点の上に変動費600万円を上乗せし、V点とします。
6．B点とV点を結ぶ直線を引きます。このBV線は、固定費と変動費を合計した費用線で総費用線といいます。売上高線と総費用線の交点が損益分岐点です。このようにして描いたものが、図表7－4の利益図表です。あなたの作った利益図表と同じはずです。

損益計算書		
売上高		1,000万円
変動費	600	
固定費	300	900
経常利益		100

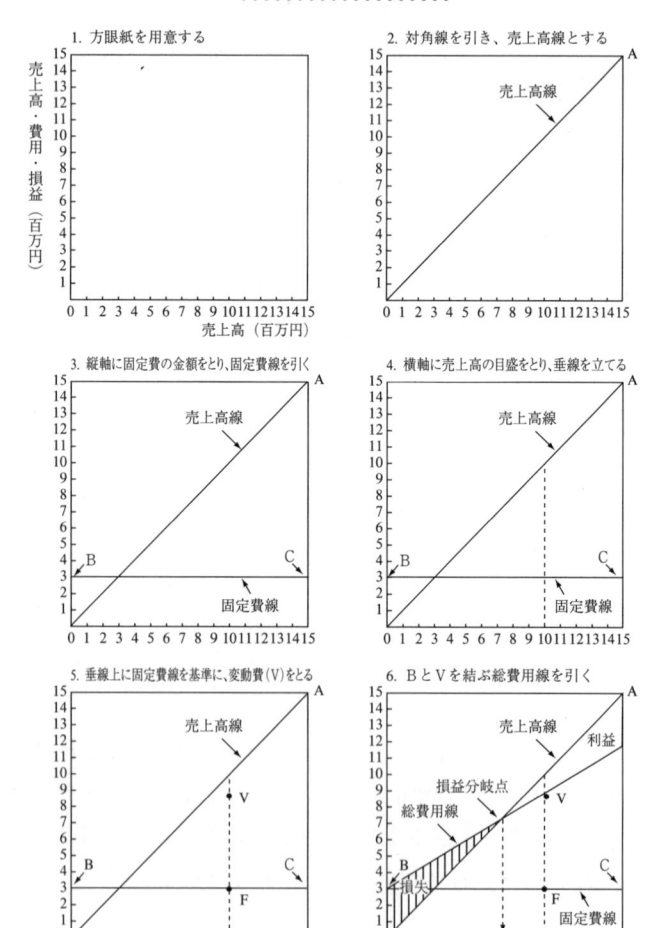

縦軸：売上高・費用・損益（百万円）
横軸：売上高（百万円）

1. 方眼紙を用意する
2. 対角線を引き、売上高線とする
3. 縦軸に固定費の金額をとり、固定費線を引く
4. 横軸に売上高の目盛をとり、垂線を立てる
5. 垂線上に固定費線を基準に、変動費（V）をとる
6. BとVを結ぶ総費用線を引く

（図中ラベル：売上高線、固定費線、総費用線、損益分岐点、利益、損失、A、B、C、V、F）

【3】利益図表の作り方（その2）

　利益図表の作り方には、もう1つの方法があります。後で分かるように、この方法は図表から限界利益を直接見ることができるので有効です。

　さて、あなたも、次の作成手順に従って利益図表を描いてください。
1. まず、方眼紙を用意してください。縦軸と横軸に同じ金額単位の目盛をつけます。目盛15の正方形を描きます。縦軸は売上高・費用・損益で、横軸は売上高です。
2. 正方形の原点0（ゼロ）と、右上のA点を結ぶ対角線を引きます。この0A線は売上高線です。

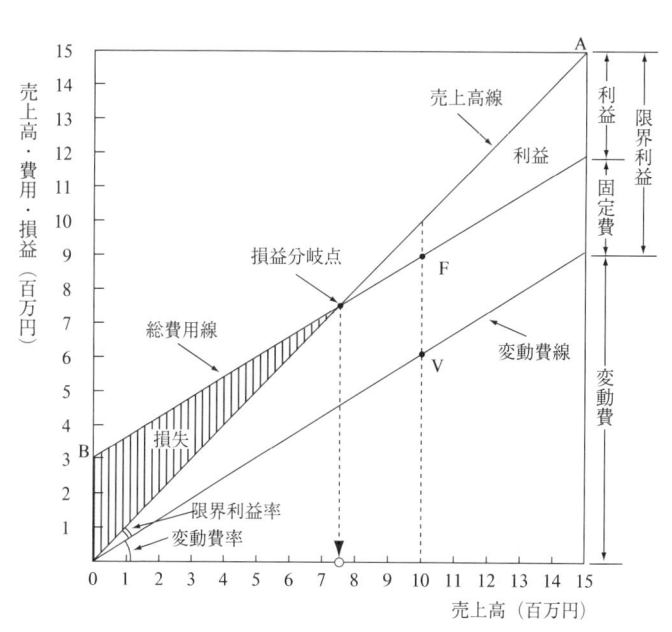

図表7－5　利益図表（その2）

3. 損益計算書の売上高は1,000万円です。したがって、横軸1,000万円の上に垂線を立てます（ここまでの手順は、前に描いたやり方と同じです）。
4. 変動費は600万円なので、下から数えて6つ目のところにプロットを示し、それをV点とします。そして、原点0とV点を結ぶ直線を引きます。この0V線を変動費線といいます（0V線は正方形の右側の縦軸とぶつかるところまで伸ばして線を引きます）。
5. 固定費は300万円です。垂線上の変動費V点の上に、さらに固定費300万円を上乗せし、F点をプロットします。
6. 縦軸目盛3のところをB点とし、B点とF点を結ぶ直線を引き、右側の縦軸とぶつかるところまで線を伸ばします。このBF線は、変動費と固定費を合計した費用線で、総費用線といいます。売上高線と総費用線の交点が損益分岐点です。交点から横軸に対して垂線を下ろしてくると、7と8の中間にくることが分かります。

このようにして作成した利益図表は、図表7-5のようになります。いま、あなたが作った利益図表と同じはずです。この書き方でも結果は同じで、損益分岐点は750万円ということが分かります。これによれば、図表から限界利益をとらえることもできるので、実務上たいへん便利です。

4 採算の状態と企業体質を見るには

【1】損益分岐点を比較する

損益分岐点は通常、金額で示されます。売上規模（絶対額）が同じであれば、損益分岐点は低いほど好ましいのですが、売上規模が全く同じ会社はありません。また、自社の期間比較のため損益分岐点を求

めて過去のそれと比較しても、売上高は毎期異なるので、損益分岐点の比較は意味がありません。

そこで、「他社との比較」や「自社の期間比較」を正しく行うためには、次に示すように、金額ではなく比率によって求め、それを観察します。

[1] 採算の状態はどうか [損益分岐点比率]

計算式　損益分岐点比率 ＝ $\dfrac{損益分岐点}{売上高}$ × 100% ↓

◆読み方

損益分岐点比率は、現在の売上高に対して損益分岐点がどの程度の割合であるかを示す指標です。この比率は、低ければ低いほど採算の状態が良好であると判断します。

◆読むときの注意点

この比率は低いほど「採算の状態」が良好であるといえますが、例えば、比率が100％を超えていれば、売上高が損益分岐点より小さい、つまり損益トントンの売上高より現実の売上高のほうが少ないわけですから、赤字ということになります。この比率を判断する際のメヤスは、次のとおりです。

―― 判断のメヤス ――

60％未満	超安泰
60〜80％	安　泰
80〜90％	要注意
90〜100％	危　険
100％超	瀕　死

[2] 経営に余裕があるか [**安全余裕率**]

> **計算式**　安全余裕率 = $\dfrac{売上高 - 損益分岐点}{売上高} \times 100\%$ ↑

◆読み方

安全余裕率は、経営の余裕度ないしは不況抵抗力を見るためのもので、高いほど良好です。

◆読むときの注意点

安全余裕率と損益分岐点の比率は、次のような関係があります。

- 損益分岐点比率 = 1 - 安全余裕率
- 安全余裕率 = 1 - 損益分岐点比率

したがって、両者は表と裏の関係にあり、一方を算出すれば、他方は間接的に分かります。

前出のA社の損益分岐点比率と安全余裕率は、次のようになります。

$$損益分岐点比率 = \dfrac{損益分岐点}{売上高} \times 100 = \dfrac{750}{1,000} \times 100 = 75\%$$

$$安全余裕率 = \dfrac{売上高 - 損益分岐点}{売上高} \times 100 = \dfrac{1,000 - 750}{1,000} \times 100 = 25\%$$

または、

$$安全余裕率 = 1 - 損益分岐点比率 = 100\% - 75\% = 25\%$$

このように、A社の売上高に対する損益分岐点の位置は75%の位置（安泰会社）にあることが分かります。また、安全余裕率25%というのは、「現在の売上高が25%減少すると損益トントンになる」ことを意味します。

【2】費用構成から企業体質を見る

　F社とV社の損益計算書によって、両社を比較してみましょう。売上高経常利益率は、両社とも10％で同じです。

　しかし、限界利益率と損益分岐点を算出して観察すると、両社はかなり性格が異なります。F社のようなタイプを「固定費型」、V社のようなタイプを「変動費型」と呼びます。それぞれの特徴を列挙すると、次のようになります。

[1] 固定費型（F社）の特徴は
- 変動費率は低く限界利益率は高い
- 損益分岐点の位置が高い
- 不況時には売上が伸び悩むと利益が出にくい
- 好況時には売上増が大きな利益に結びつきやすい

図表7－6　F社とV社の比較をしてみよう

	F　社	V　社
売上高	1,000 億円	1,000 億円
変動費	(－) 500	(－) 750
限界利益	500	250
固定費	(－) 400	(－) 150
経常利益	100	100
売上高経常利益率 ＝ $\frac{経常利益}{売上高} \times 100$ ％	$\frac{100}{1,000} \times 100 = 10$ ％	$\frac{100}{1,000} \times 100 = 10$ ％
限界利益率 ＝ $\frac{限界利益}{売上高} \times 100$ ％	$\frac{500}{1,000} \times 100 = 50$ ％	$\frac{250}{1,000} \times 100 = 25$ ％
損益分岐点 ＝ $\frac{固定費}{限界利益率}$	$\frac{400}{0.5} \times 100 = 800$ 億円	$\frac{150}{0.25} \times 100 = 600$ 億円
	↓ 固定費型	↓ 変動費型

[2] 変動費型（V社）の特徴は

- 変動費率が高く限界利益率は低い
- 損益分岐点の位置が低い
- 不況時にも売上減が大きな損失に結びつかず不況抵抗力は強い
- 好況時でも売上増が利益に結びつきにくく、それほど旨みがない

図表7-7　両社の利益図表

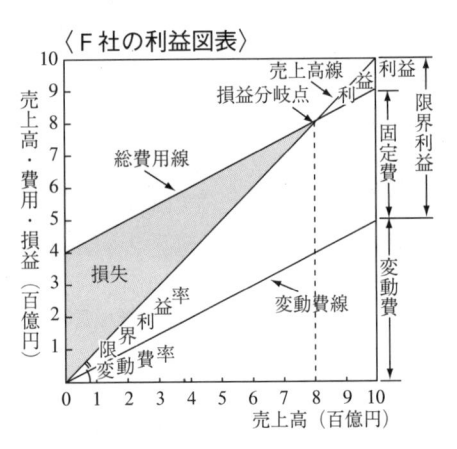

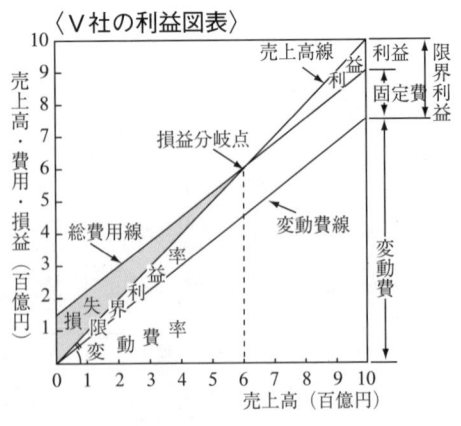

〈F社の利益図表〉

〈V社の利益図表〉

[3] 改善ポイントは何か

F社とV社には、それぞれ長所・短所があります。両社の改善ポイントについて見ておきましょう。

①F社（固定費型）の改善ポイントは

F社の限界利益率はV社のそれに比べると高いのはよいのですが、損益分岐点の状態がよくないため、この点にポイントを置いた改善をしなければなりません。そのためには、損益分岐点の計算式から手掛かりを得るようにします。

$$損益分岐点 = \frac{固定費}{1 - \dfrac{変動費}{売上高}} = \frac{固定費 \searrow}{限界利益率 \nearrow}$$

分子は固定費、分母は限界利益率なので、分子を小さく、分母を大きくすればよいのです。F社は分母の限界利益率は高いので、この高さを維持しながら、分子の固定費を小さくすることになります。

固定費の引き下げといっても、固定費の中で大きなウエイトを占めるのが人件費です。実務上、固定費の絶対額を小さくすることは困難です。したがって、固定費の増加を抑えながら売上の増大を図ることです。

具体的には、現有人材の有効活用、現有設備の有効活用、アウトソーシング（他社経営資源の活用）、コソーシング（経営資源の共同利用）などです。これらの展開によって、固定費の負担割合をできるだけ小さくすることがポイントです。

②V社（変動費型）の改善ポイントは

V社は不況抵抗力は強いが限界利益率が低いため、うまみがない点に問題があります。したがって、V社は低い固定費を維持しながら、変動費率を下げて限界利益率を高くしなければなりません。

そのためには、次のような対策が必要です。

a．原材料費、外注費、荷造運送費などの低減
　b．限界利益率の高いものに重点を置いた製品構成への改善
　c．付加価値の高い新製品の開発
　d．売価の引き上げ、etc

　以上のように、F社とV社は売上高経常利益率が同じ（いずれも10%）であっても、費用構成が違うことによって、企業のとるべき政策や打つべき手が違ってくるのです。

[4] 費用構成から見た望ましい体質は

　費用構成から見た体質は、「固定費型」と「変動費型」の2つのタイプに分けることができます。もちろん、その中間的なタイプもあり、さらに細分化すれば、いくつかのタイプに分けることができるでしょう。

　「固定費型」「変動費型」には、それぞれ長所・短所があります。どちらにしても、これは企業体質ですから、そう簡単に変えることはできません。しかし、企業体質は、短期的には与件（与えられたもの）として体質に合った行動をとり、長期的には望ましい体質へ改善しなければなりません。

　そこで、費用構成から見た望ましい体質は、図表7－8に示すように、固定費が小さく、限界利益率の高い会社ということになります。つまり、リスクが小さくてうまみの大きな会社ということです。

　ところで、このような望ましい体質の会社にするためには、次の点がポイントになります。

〈望ましい体質にするためのポイント〉

- 限界利益率に目を向けた売上増大策をとる
- 生産活動や販売活動の効率を高めて変動費率を下げる
- 顧客の感じる価値を高め「商品力」を強化する
- 固定費の増加を抑え、売上の増大を図って、固定費の負担割合を小さくする

理想とすべき望ましい体質にするためには、周囲の状況や環境の変化に振り回されずに、理想はできるだけ高く置き、その実現に向け一歩一歩着実に取り組んでいく必要があります。

図表7－8　望ましい費用構成は両者の長所を合わせたもの

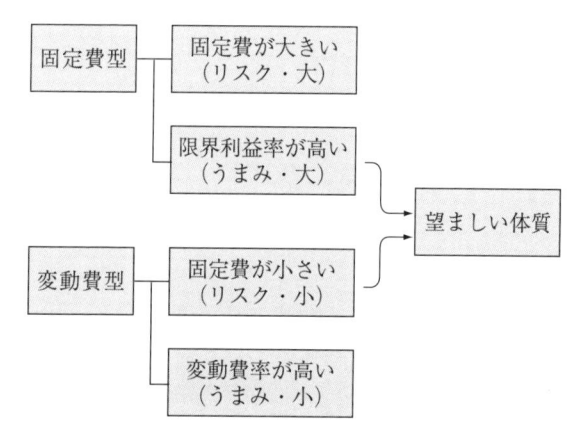

```
固定費型 ─┬─ 固定費が大きい
          │   （リスク・大）
          │
          └─ 限界利益率が高い ─┐
              （うまみ・大）    │
                                ├→ 望ましい体質
変動費型 ─┬─ 固定費が小さい ───┘
          │   （リスク・小）
          │
          └─ 変動費率が高い
              （うまみ・小）
```

第8章

採算計算と意思決定

1 採算計算による意思決定

【1】採算計算と意思決定の重要性

　企業が経営活動を営むのに、単に経験や勘だけではこの厳しい競争の中で勝ち残ることができません。同様にやる気、ファイトといった精神面だけを強調することも、それなりに意味はありますが、それだけでは十分ではありません。

　もちろん、経験や勘も大切です。とくに戦略的な意思決定にあたっては、経験や勘にたよる割合が極めて大きいといえます。それは、戦略的な意思決定のような一回的事象の多くは、過去に実績のない事柄に関して行われるからです。

　しかし、企業の日常的な活動は繰返的事象が多いのです。したがって、事実に裏づけられた計数（経営数字）はたいへん有益で、しかも、判断の客観的なよりどころという意味で重要なのです。計数になじみ、それを使いこなせるようになることは、今日的なビジネスパーソンにとって不可欠な要請の1つです。

　売上は大きく、費用は小さく、利益は大きいほうがよいことはだれでも知っています。しかし、実際に生じるさまざまな問題に対しては、

ある程度の知識と正しい採算計算の方法、そしてそれに基づく意思決定・判断が大切です。

そこで、これから、採算計算を行うにあたっての必要な知識、採算計算の方法、意思決定のしかたなどについて、事例によって説明することにします。

【2】 計画案の利益を求めるには

[1] 利益増加の方法と基本公式

企業の利益を増やすには、①売価の引き上げ、②売上数量の増加、③変動費の減少、④固定費の減少の4つの方法があります。これらの方法のうち①②③は、限界利益を増加するためです。

すでに第7章の損益分岐点の分析で説明したように、＜限界利益－固定費＝利益＞の関係なので、利益増加の4つの方法を要約すると、①限界利益の増加、②固定費の減少の2つになります。

ところで、限界利益は、＜売上高－変動費＞または＜売上高×限界利益率＞の2つの要素に分解できます。次に示す公式は、計画案の採算計算をしたり、有利性を見るときの基本公式です。この後、いろいろな事例を取り上げますが、公式の1と2のどちらかを適用すれば、容易に解答できるものと思われます。

計画案の採算計算や有利性を見るときの公式

基本型　　　　限界利益－固定費＝利益
基本公式1　　売上高－変動費－固定費＝利益
基本公式2　　売上高×限界利益率－固定費＝利益

---

[2] 計画案の利益はいくらか

①事例1——どの案が有利か

現状の損益計算書は次のとおりです。次期の計画を検討中ですが、どの案が最も有利になるでしょうか。

```
        〈現状の損益計算書〉
   売上高        1,000万円
   変動費          600
    限界利益       400
   固定費          300
    利　　益       100
```

1案：現状に対し、売価5％の引き上げ、売上数量10％の減少を予定する。

2案：現状に対し、売価4％の引き下げ、売上数量15％の増加を予定する。

3案：現状に対し、売上数量10％の増加を予定する。ただし、固定費が50万円増加する。

4案：売価8％の引き上げ、売上数量10％の減少を予定する。材料費などの変動費は、5％の値上がりを見込む。

5案：現状に対し、売上数量10％の増加を見込む。しかし、固定費はそのために50万円増加する。材料費などの変動費は、その引き下げのための取り組みを強化することによって、単位当たり5％の節減を予定する。

〔解説と解答〕

公式1を使って、現状を基礎にして、変化すると見込まれる数値で修正します。

```
       （売上高）（変動費）（固定費）  （利益）
 現状   1,000  －  600  －  300   ＝ 100万円
```

1案：売価5％引き上げ、売上数量10％減少
　　1,000 × 1.05 × 0.9 − 600 × 0.9 − 300 = 105万円
2案：売価4％引き下げ、売上数量15％増加
　　1,000 × 0.96 × 1.15 − 600 × 1.15 − 300 = 114万円
3案：売上数量10％増加、固定費50万円増加
　　1,000 × 1.1 − 600 × 1.1 − 350 = 90万円
4案：売価8％引き上げ、売上数量10％減少、変動費5％値上がり
　　1,000 × 1.08 × 0.9 − 600 × 0.9 × 1.05 − 300 = 105万円
5案：売上数量10％増加、固定費50万円増加、変動費単位当たり5％減少
　　1,000 × 1.1 − 600 × 1.1 × 0.95 − 350 = 123万円

以上の計画案の中では、5案が最も有利といえます。

②事例2——A案・B案の利益はいくらか

現状の売上高は1,000万円、変動費率54％、売上高利益率4％です。次のA案とB案の利益は、それぞれいくらになるでしょう。

A案：売価は現状どおりで、売上数量は20％増加、材料費などの変動費は値上がり4％、固定費は2％増加の予定。
B案：売価を平均4％値上げ、売上数量は10％増加、単位当たり変動費は2％節減、固定費は4％増加の予定。

〔解説と解答〕

解答にあたっては、基本公式1と2のどちらでも求められます。なお、現状の変動費540となっているのは、売上高1,000万円、変動費率54％だからです。したがって、限界利益率は46％だということになります。

　　　（売上高）（変動費）（固定費）　　（利益）
　現状　1,000 − 540 − 420 ＝ 40万円

または、

(売上高)(限界利益率)(固定費) (利益)
1,000 ×（1 − 0.54）− 420 = 40万円

A案：＜基本公式1＞によれば

1,000 × 1.2 − 540 × 1.2 × 1.04 − 420 × 1.02 = 98万円

＜基本公式2＞によれば

$$1{,}000 \times 1.2 \times \left(1 - \frac{540 \times 1.04}{1{,}000}\right) - 420 \times 1.02 = 98万円$$

B案：＜基本公式1＞によれば

1,000 × 1.04 × 1.1 − 540 × 1.1 × 0.98 − 420 × 1.04 = 125万円

＜基本公式2＞によれば

$$1{,}000 \times 1.04 \times 1.1 \times \left(1 - \frac{540 \times 0.98}{1{,}000 \times 1.04}\right) - 420 \times 1.04 = 125万円$$

③事例3──追加販売の利益はいくらか

Z社では、A・Bの製品を製造販売しています。製品別の損益計算は、次のようになっています。

	(売上高)		(変動費)		(限界利益)
A製品	800	−	480	=	320万円
B製品	600	−	330	=	270万円

いま、ある客先から注文の引き合いがあります。A製品については、現状の売上数量の20％、B製品については同じく30％相当量を購入したいということです。ただし、売価は両製品とも5％引き下げの条件です。それに、これを受注するとすれば、A製品については30万円、B製品については20万円の追加固定費が必要です。単位当たり変動費は、これまでと同じです。A・B製品の追加販売による損益計算はどうなりますか。

〔解説と解答〕

この事例は、基本的には、これまでの計算方法と同じです。事例1と2では総額で求めたのに対して、事例3では、増加分で計算すればよいのです。これは、基本公式1と2どちらでも求められますが、基本公式1で示すと、次のようになります。

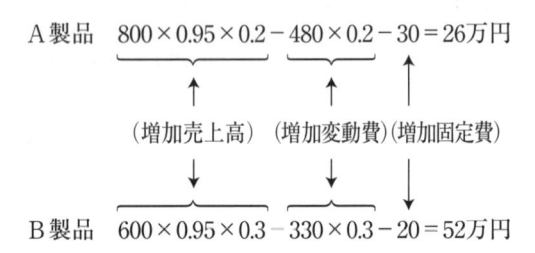

A製品　$\underbrace{800 \times 0.95 \times 0.2}_{} - \underbrace{480 \times 0.2}_{} - \underbrace{30}_{} = 26$万円

　　　　　　　(増加売上高)　(増加変動費)(増加固定費)

B製品　$\underbrace{600 \times 0.95 \times 0.3}_{} - \underbrace{330 \times 0.3}_{} - \underbrace{20}_{} = 52$万円

2 製品の有利性を見るには

【1】事例1：どちらの製品が有利か

先日の販売会議の席で、営業本部長より"採算のよいA製品に重点を置いた営業戦略を展開する"という話がありました。原価資料を調べてみると、次のようになっています。どのように見ても営業本部長の話は間違っているように思いますが、どうなのでしょうか。

〈原価資料〉

	A製品	B製品
売価（1個当たり）	400万円	500万円
変動費	240	350
固定費	100	70
利　益	60	80

〔解説と解答〕

　これはA製品のほうが有利で、営業本部長の考え方は正しいのです。理解を容易にするために次のように考えてみます。製品はA・Bの2種類で、1個ずつ製造しているものとします。A製品1個の利益は60万円、B製品の利益は80万円ですから、一見、B製品のほうが有利だと思われがちです。しかしそうでないことを知るために、A製品だけ2個作った場合と、B製品だけ2個作った場合とを比べてみましょう。

	A製品だけ2個	B製品だけ2個
売上高	800万円	1,000万円
変動費	480	700
限界利益	320	300
固定費	170	170
利　益	150	130

　この計算で分かるように、A製品のほうが利益が大きくて有利です。固定費は合計170万円ですが、これはA・Bどちらの製品を選んでも関係なく同額発生します。A製品が不利に見えたのは、固定費の配賦が大きかったからです。

　製品別の採算を見るときには、どの製品を作るかに関係なく発生する固定費は除いたほうが計算は簡単ですし、そのほうが正しく判断するためにはよい方法です。そして、製品1個当たり限界利益の大小を比較します。A・B製品について示すと、次のようにA製品のほうが1個当たり限界利益が大きく有利です。

　　　　　（売価）－（変動費）＝（限界利益）
　　A製品：　400　－　240　＝　160万円
　　B製品：　500　－　350　＝　150万円

【2】 事例2：赤字でも追加受注するか

前出の事例1を使って、次のことを考えてみましょう。

いまA・B製品を1個ずつ製造販売しているときに、B製品について1個380万円で客先から追加注文がありました。B製品の原価は420万円（変動費350万円＋固定費70万円）なので、これでは赤字になってしまいます。

しかし、同社の設備・人員ともに余力があります。また、この安値受注をしても、将来の値崩れといった営業上の心配はないものとします。このB製品を受注すべきでしょうか。

〈原価資料〉

	A製品	B製品
売価（1個当たり）	400万円	500万円
変動費	240	350
固定費	100	70
利　益	60	80

〔解説と解答〕

これは、受注したほうが有利です。B製品の原価は420万円ですから380万円で受注すると、40万円の赤字になると思いがちです。

しかし、そのようになるかどうか、まず全体の損益計算をしてみましょう。

図表8-1のように、B製品を追加受注しても、固定費合計は170万円で同じです。設備・人員ともに余力があるのですから、特に固定費は増加しません。増加するのは変動費だけです。そのために、限界利益と利益（経常利益）はそれぞれ30万円増加します。

図表8-1　全体で損益計算すると

(単位：万円)

	A製品	B製品	B製品追加	合計
売上高	400	500	380	1,280
変動費	240	350	350	940
限界利益	160	150	30	340
固定費				170
利益				170

　この例のように、全体の損益計算をして採算を見るのは、わずらわしいものです。それよりは増加する売上（増分収益）と、増加する費用（増分費用）とを比べて、増分利益が得られるかどうかを見たほうが計算は簡単です。変動部分だけに注目すれば、容易に判断することができます。変動部分で見れば、計算は次のようになります。

　増加売上 − 増加費用 ＝ 増加利益
　380万円 − 350万円 ＝ 30万円

【3】事例3：赤字製品はやはり不利か

　K社は、A・B・Cの3種の製品を製造販売しています。現状の損益計算書は、図表8-2のとおりです。C製品については、今後も明るい見通しはないし、この状態が続きそうです。C製品の製造中止と継続のどちらをとるか検討中です。あなたならどのような意思決定をしますか。
　なお、個別固定費とあるのは、その製品の製造に関連して、直接に発生する固定費であり、その製品の製造を中止すれば避けることができるものとします。共通固定費は本社費などのように、製品に直接関連していないものです。

図表8-2　K社の現状

(単位：万円)

	A製品	B製品	C製品	合　計
売　上　高	1,200	1,000	800	3,000
変　動　費	800	700	620	2,120
限 界 利 益	400	300	180	880
個 別 固 定 費	120	110	200	430
共 通 固 定 費	150	100	60	310
営 業 利 益	130	90	△80	140

〔解説と解答〕

C製品は、中止が有利です。判断のしかたは、全体で見る方法と、単独で見る方法があります。

図表8-3　C製品は中止が有利

■全体で見れば

(単位：万円)

	A製品	B製品	C製品	合　計
売　上　高	1,200	1,000	0	2,200
変　動　費	800	700	0	1,500
限 界 利 益	400	300	0	700
個 別 固 定 費	120	110	0	230
貢 献 利 益	280	190	0	470
共 通 固 定 費				310
営 業 利 益				160

■単独でみれば

　C製品を中止すれば、　減少収益－減少費用＝増加利益
　　　　　　　　　　　180万円－200万円＝　20万円

3 内作と外作のどちらが有利か

【1】事例1：内作が有利

D社では、X部品を社内で製造していますが、製造原価は次のようになっています。これを外注先に見積もってもらったところ、1,200円で引き受けるといいます。社内には設備・人員ともにこれをこなす余力があります。内作と外作のどちらが有利でしょうか。

```
         〈X部品の製造原価〉
  材料費などの変動費    1,000円
  償却費などの固定費      500
            合計  1,500
```

〔解説と解答〕

単純に見ると外作のほうが得だと思いがちですが、これは誤りです。X部品を内作すると、増加するのは材料費などの変動費です。これに対し、外注すると、増加するのは外注品の購入額です。

自社の設備・人員にはともに余力があるので、内作・外注のどちらを選択しても固定費総額は同じです。したがって、1個当たり固定費は同じです。外注しても、固定費はそのまま社内で発生します。外注すれば、その分の固定費が減るわけではありません。

どちらの案を採用しても両案に共通同額発生する原価を「埋没原価」といいます。減価償却費などの固定費は、内作と外作のどちらであっても共通同額に発生します。どちらが有利かを見るとき、この埋没原価は除いて比較します。

【2】 事例2：外作が有利

E社では、最近の受注減によって社内の人や設備に余力が出ました。そこで、これまで外注していたX部品を内作に切り替えたいと検討中です。これを内作するには、○○機械の改造が必要です。この改造費を含めて、X部品の見積原価は次のようになります。なお、外注品の購入単価は、33,000円です。どちらが有利でしょうか。

```
          ＜X部品の見積原価＞
    材料費などの変動費      30,000円
    ○○機械改造費配賦額      6,000
    固定費配賦額            8,000
                    合計  44,000
    X部品の外注購入単価    33,000
```

〔解説と解答〕

これは外注のほうが有利です。差額原価になるのは、一般に変動費です。○○機械改造配賦額は、固定費配賦額と同じに見がちですが、内作するとき新たに生じるので差額原価です。

このX部品を内作するとき新たに生じる原価は、材料費などの変動費と○○機械改造配賦額です。従来どおり外注して生じる原価は外注品の購入額です。どちらが有利かを見る場合には、差額原価の大小で判断します。

この例で、固定費配賦額は埋没原価です。人員・設備に余力が生じているので、人件費や減価償却費などの固定費は、どちらの案を採用しても同じです。埋没原価は、採算計算上、除いて比較するのが簡単で判断を誤りません。

【3】事例3:どちらの機械購入が有利か

　F社では、ある機械の導入を検討していたところ、A社製作のA機械があることが分かりました。価格は、1,000万円です。A機械を購入するために、手付金100万円をA社に支払いました。

　しかし、手付金を支払った数日後に、B社製作のB機械があることが分かりました。価格は860万円です。なお、このB機械は、耐用年数、性能、維持費がA機械と同じということです。さて、どちらの機械を買うべきでしょうか。

　条件は図表8-4のようにまとめることができます。

図表8-4　A・B機械の比較

	購入額	手付金	性能、耐用年数、維持費
A機械	1,000万円	100万円	どちらも同じ
B機械	860万円	-	

〔解説と解答〕

　あなたがA機械の購入が有利と考えたとすれば、次の計算をしたからでしょう。

　　A機械の購入……900万円(手付金の残高)
　　B機械の購入……860万円+100万円(損失となる手付金)=960万円

　しかし、この判断は誤りです。いま問題にしなければならないことは、どちらの機械を購入したほうが、これから有利かということです。過去のことは関係ないのです。これからどうするかを考えるのです。すでに支払った手付金100万円は、過去の意思決定の結果で取り返しがつかないのです。どちらの案が有利かを考えるときには、これから発

生する原価によって比較します。過去に支払った原価は、比較計算から外します。

すでに支払った手付金は、過去の意思決定の結果、もはや回収することのできなくなった原価ですから、埋没原価といいます。前項で触れた埋没原価の意味は、各案に共通同額発生する原価として取り上げましたが、埋没原価は、どちらの意味であっても、採算計算するときには除外します。手付金100万円を除外して比較すると、B機械が有利です。つまり、判断する際のポイントは、今後支払うべきお金はいくらかという考え方でよいのです。

　　A機械の購入……900万円（今後払う残金）
　　B機械の購入……860万円（購入額）

したがって、A機械を購入するためには、今後900万円が必要です。これに対して、B機械は860万円のみで購入できます。つまり、B機械が40万円有利なわけです。

4　取替原価、機会原価、機会利益、機会損失

【1】事例1：受注価格は適正か

ある取引先からA製品1個16,000円で10,000個の注文がありました。原価資料を見ると次のとおりです。この10,000個の受注の採算計算は、どのようにすべきでしょうか。ただし、現在は設備・人員に余力があります。材料費計算は手持材料の単価によっていますが、現在は20％値上がりしているとします。

```
          〈原価資料〉
       ――A製品1個当たり――
   売    価                16,000円
   変動原価
    材 料 費      10,000
    その他変動費    4,000      14,000
       利   益               2,000
   材料費時価      12,000
```

〔解説と解答〕

　この受注の採算計算は、取得原価（購入額）と時価に差がある場合、時価に置き替えて判断する必要があります。したがって、材料費は時価で計算をして、次のようにしなければなりません。損益ゼロですが、これによって受注の可否を決めるわけです。

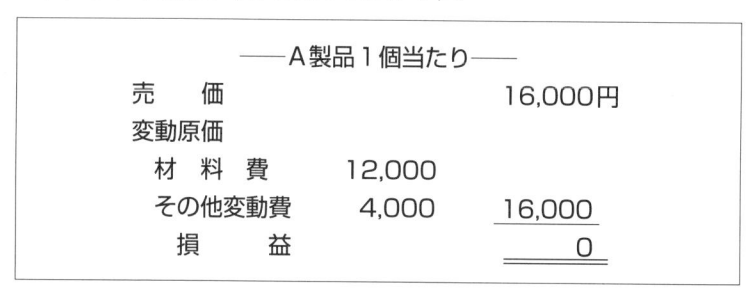

```
       ――A製品1個当たり――
   売    価                16,000円
   変動原価
    材 料 費      12,000
    その他変動費    4,000      16,000
       損   益                   0
```

　A製品を1個16,000円で受注するかどうかは、これからの問題であって、材料費がいくらであったかは何ら関係ありません。採算がとれるかどうか、見積利益がいくらになるかの計算は、これから起きる事柄について行うものです。したがって、そのために用いる数字は、時価または将来の価格に置き替えたものを使います。

　取得原価（購入価額）と時価とに差がある場合には、取替原価を用います。取替原価は置替原価ともいいますが、これは過去の取得原価

とは関係なく、現在または将来の時価に置き替えた原価のことです。

この注文を受けるかどうか、この受注は採算がとれるかどうかは、これからの未来計算ですから、取得原価ではなく取替原価を用います。

【2】 事例2：独立開業したときの稼ぎ高は

年間給料1,000万円（税引後の所得）の会社員が、年利率1％の定期預金500万円を持っています。これから、定期預金の500万円を資本金として独立開業するとすれば、年間の稼ぎ高（利益）はいくら必要でしょうか。

〔解説と解答〕

このケースで、年間給料1,000万円と定期預金500万円を合計して1,500万円と考えるのはあまりに短絡すぎます。定期預金500万円は、それが資本金となり、実際には商品や車両運搬具といった資産となるので、500万円全部なくなるわけではありません。

独立開業するとすれば、年間1,000万円の給料と定期預金の利息5万円が犠牲になります。したがって、商売を始めるからには、1,005万円（1,000万＋5万円）以上の利益がなければ採算はとれません。この1,005万円が「機会原価」です。

A案（独立開業）とB案（会社員）のうち、A案を採用すれば、B案から得られるはずの利益を失います。機会原価とは、捨てた案（B案）から得られるはずの利益または所得のことです。そして、採用したA案から得られる利益が捨て去ったB案から得られる利益（機会原価）より大きければ、その差は「機会利益」です。これとは逆に、採用したA案から得られる利益が、捨て去ったB案から得られるはずの利益（機会原価）より小さければ、その差は「機会損失」です。

独立開業の例でいえば、独立開業はA案で、従来どおり給料収入と預金利息を得るのがB案です。開業するからには、機会利益を大きく

または機会損失は発生させないようにしなければなりません。

【3】事例3：手作業か情報システム化か

G社の現行業務の手作業による損益計算と、新規に情報システム化した場合の見積計算は、図表8－5のとおりです。今後、業務の情報システム化に向けて、あなたは経営者にどのように説明しますか。

図表8－5　手作業と情報システム化

(単位：万円)

	売上高	原　価	利　益
現行の手作業の場合	1,000	900	100
新規に情報システム化した場合	1,000	800	200

〔解説と解答〕

従来どおりの方法を継続した場合には、情報システム化した場合の利益200万円が機会原価です。これに対して、新規に情報システム化すれば、従来の方法による利益100万円が機会原価です。この機会原価を含めて計算すれば、図表8－6のようになります。

図表8－6　現行方法と新規方法

(単位：万円)

	売上高	原　価	機会原価	機会損失	機会利益
現行方法を継続した場合	1,000	900	200	100	—
新規方法を採用した場合	1,000	800	100	—	100

なぜ、捨て去った案の利益を機会原価というかは、図表8－5と図表8－6を比較すれば分かります。通常は改善案を示すときには、図

表8-5のように「この改善案を採用すれば、利益が100万円増加します」という形がとられます。これに対して図表8-6は、「現行の方法をそのまま継続すれば、今後も引き続いて100万円の損失が発生します」という表現になっています。

図表8-5のような形で提案した場合には、今でも利益を上げている、しいて無理をすることはない、情報システム化はしばらく経ってからでもよかろうということになりがちです。これに対して図表8-6のように、機会原価の考え方を取り入れると、すでに損失が発生しているのだという訴え方になります。

5 設備投資の採算計算

【1】資金の時間的価値を考慮する

採算計算を行ううえで留意しなければならないことの1つとして、資金の時間的価値を採算計算に持ち込むことがあります。例えば、設備投資や業務改善などによって得られる効果は、必ずしも初年度だけではなく、複数年度継続します。

一方、設備投資や業務改善などにかけるお金は、現在のお金（現在価値）で出ていきます。したがって、得られる効果と、かける費用（または投下資金）を比べるときには、比較のタイミングを合わせて採算評価する必要があるのです。

この理由を簡単な例で考えてみましょう。「現在の100万円と、1年後の100万円ではどちらを選択するか」と問われれば、だれでも間違いなく、現在の100万円を選択するでしょう。

しかし、仮に「現在の100万円と1年後の102万円ではどちらを選択するか」と問われたら、答えは一定しないかもしれません。その人が

感じるお金の価値によって、答えは違ってくるからです。

　ある人は現在の100万円を選択し、またある人は1年後の102万円を選択します。その理由は、各人の1年間という期間に対する資金の価値観が異なるからです。では、なぜ資金に時間的価値が生じるのでしょうか。その理由としては、次のようなことがあげられます。

[1] 預金の利息、借金の利息

　資金を銀行に預け入れれば、預金利息が得られます。また、他人に貸し付ければ貸付金利息が得られます。

　一方、銀行から借り入れたり他人から借り入れれば、利息を支払わなければなりません。これらの利息は、資金の時間的価値を客観的に認識することのできるものです。

[2] 貨幣価値の変動

　貨幣価値は、貨幣が持っている購買力です。したがって、物価が上昇すれば、それだけ多くの貨幣を支払わなければ、同じ価値のものを購入することはできません。つまり、物価の上昇分だけ貨幣価値が下落するのです。逆に、物価が下がれば貨幣価値は上昇することになります。

[3] 所得の変動

　自分たちの生活レベルに対する意識や、家庭での生活が経済的に楽だとか苦しいとかは別にして、物価が上がれば、賃金のベースアップもあります。

　これも、会社によって程度の差こそあれ、これまでは一般に所得は上昇しました。今日的にベースアップ率は、ゼロに近いかダウンすることもあります。所得の変動も、資金に時間的価値が発生する要因の1つといえます。

[4] 資金の収益力

利息とか貨幣価値の変動といった要因は、どちらかといえば、資金をそのままの形で運用したときの問題として重要な意味をもつものです。

別の見方をすれば、資金には"稼ぐ力"があります。会社の中には、選択可能な有利な投資案がたくさんあります。資金を事業に投下した場合、銀行の預金利息以上に利益を生み出すことができるはずです。したがって、自己資金に対する利益率が銀行預金の利率より低い会社は、実力がないといえるかもしれません。

【2】 採算計算で使う係数のいろいろ

資金の時間的価値を採算計算に持ち込むには、便利な係数があります。これを図示すると、図表8－7のようになります。

[1] 終価係数

終価係数とは、現在価値を終価に換算するものです。例えば、「100万円を年利率3％で5年間預金した場合、5年後には元利合計でいくらになるか」という場合に用います。

$$S = 100万円 \times (1 + 0.03)^5 = 1,159,274円$$

[2] 現価係数

これは、終価から現価を求める場合に使用する係数です。例えば、「資金を年利率4％で5年間運用し、5年後の元利合計を1,000万円にするためには、現在いくらの資金が必要か」という場合に用いられる係数です。

$$P = 1,000万円 \times \frac{1}{(1 + 0.04)^5} = 8,219,271円$$

図表8−7　採算計算で使う係数のいろいろ

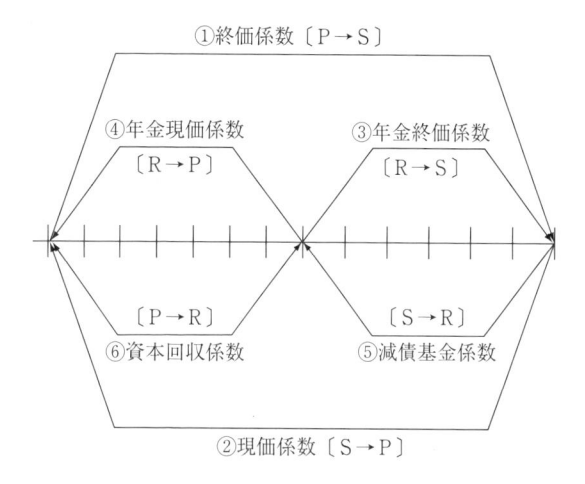

①終価係数〔P→S〕

④年金現価係数〔R→P〕

③年金終価係数〔R→S〕

〔P→R〕
⑥資本回収係数

〔S→R〕
⑤減債基金係数

②現価係数〔S→P〕

<係数の公式>

① 終価係数………………………… $(1+i)^n$

② 現価係数………………………… $\dfrac{1}{(1+i)^n}$

③ 年金終価係数…………………… $\dfrac{(1+i)^n - 1}{i}$

④ 年金現価係数…………………… $\dfrac{(1+i)^n - 1}{(1+i)^n \cdot i}$

⑤ 減債基金係数…………………… $\dfrac{i}{(1+i)^n - 1}$

⑥ 資本回収係数…………………… $\dfrac{(1+i)^n \cdot i}{(1+i)^n - 1}$

期間（n）……評価対象期間
利率（i）……割引率
現価（P）……現在価値
終価（S）……n年後の価値
年金（R）……年々（またはその期間ごとの）均等額の受け取りまたは支払額

[3] 年金終価係数

　現価係数や終価係数は、一括払のときにのみ利用できますが、採算性を検討するためには、一括払以外の問題も取り扱わなければなりません。例えば、毎年一定額を積み立てるとか、借入金を年賦償還するという場合です。このような、年々の支払額や積立額のことを年金といいます。年金終価係数は、年々の支払額や積立額の終価を求めるためのものです。例えば、「毎年末に100万円ずつ5年間積み立てた場合、年利率を2％とすれば、元利合計でいくらになるか」というような場合、次のように求めます。

$$S = 100万円 \times \frac{(1+0.02)^5 - 1}{0.02} \fallingdotseq 5{,}204{,}040円$$

[4] 年金現価係数

　これは、毎年の均等額を現在価値に換算するための係数です。例えば、「毎年一定額を10年間受け取るためには、現在いくらの資金が必要か」というようなケースに使います。

[5] 減債基金係数

　これは、年金終価とは逆に「n年後にS円の社債を返済するためには、毎年末にいくらずつ積み立てればよいか」という場合に用いられます。

[6] 資本回収係数

　これは、現在価値を毎年の均等額に換算するための係数です。例えば、「借入金を毎年均等額ずつ返済して、10年間に元利とも返済するには、毎年いくらずつ返済すればよいか」という場合に用いられる係数です。

【3】係数を使って採算計算をしてみよう

[1] 事例1：事業投資の採算性はどうか

A社では、現在5億円の資金があります。これをある事業に投下すると、次のような収益と費用が予想されています（図表8-8）。この事業投資の採算性はどうでしょうか。なお、費用の中には、減価償却費と金融費用は含まれていません。また、設備は7年後無価値となります。

図表8-8　5億円の事業投資の予想

(単位：千円)

	収　益	費　用	差引回収額
1年目	150,000	100,000	50,000
2年目	200,000	140,000	60,000
3年目	250,000	160,000	90,000
4年目	300,000	190,000	110,000
5年目	400,000	230,000	170,000
6年目	340,000	260,000	80,000
7年目	300,000	230,000	70,000

〔解説と解答〕

あなたはどのように計算したでしょうか。差引回収額の7年間を合計して6億3,000万円となるので、この事業投資は採算性がよいと判断するのは誤りです。事業に投資する5億円は、現在価値です。これに対して差引回収額は、それぞれの年度における金額です。

前項で説明したように資金には時間的価値が生じますので、差引回収額を現在価値に戻して、その合計額と投資額5億円とを比較すべきです。つまり比較のタイミングを"現在"に合わせるのです。そのた

めには、終価から現価を求める係数としての「現価係数」を使います。

ところで、ここではもう1つ考慮しなければならないことがあります。それは、年利率を何パーセントにするかということです。ここでいう年利率とは、資金コスト率(借金の利率)と考えればよいでしょう。

例えば、年利率5％で計算すると図表8－9のようになります。この表から分かるように、差引回収額に現価係数を掛けて現在価値を求めます。合計額は、約5億1,292万円です。したがって、この事業投資案は、あまり採算がよくないといえます。

なお、公式を使って係数を電卓で計算するのは極めてわずらわしいので、巻末に係数表をつけています。今後はこれを利用してください。

図表8－9　現価係数を使って計算すると

(単位：千円)

	収　益	費　用	差引回収額	現価係数 (5％)	差引回収額 の現在価値
1年目	150,000	100,000	50,000	0.95233	47,616
2年目	200,000	140,000	60,000	0.90703	54,421
3年目	250,000	160,000	90,000	0.86384	77,745
4年目	300,000	190,000	110,000	0.82270	90,497
5年目	400,000	230,000	170,000	0.78353	133,200
6年目	340,000	260,000	80,000	0.74622	59,697
7年目	300,000	230,000	70,000	0.71068	49,747
				合　計	512,923

[2] 事例2：買取とレンタルではどちらが有利か

ある機械を購入すると買取価格は2,000万円です。この機械は、毎年末に320万円を支払うと賃借することもできます。年利率を8％、使用期間を8年とすると、買取とレンタルではどちらが有利でしょうか。なお、買取の場合、8年後の処分価額は200万円とします。

〔解説と解答〕

次のような計算は、資金の時間的価値を考慮していないので、全く意味のない計算です。

<意味のない計算>

買取の場合………… 2,000万円 − 200万円 = 1,800万円

レンタルの場合…… 320万円 × 8年 = 2,560万円

採算計算を行うにあたっては、資金の時間的価値を考慮するために係数を使います。買取の場合では、8年後の処分価額200万円を現在価値に戻すために、巻末にある「現価係数表」を使います。一方レンタルの場合、毎年末に支払う320万円を現在価値に戻すために、「年金現価係数」を使います。これらを考慮して計算すると、次のように53万円ほどレンタルが有利ということになります。

■買取の場合

購入価額…………………………2,000万円

8年後の処分価額の現在価値

200万円 × 0.5403 ≒ 108万円 (−

1,892万円 ……①

現価係数 = $\dfrac{1}{(1+0.08)^8}$

■レンタルの場合

賃借8年間の現在価値

320万円 × 5.74664 ≒ 1,839万円 ……②

年金現価係数 = $\dfrac{(1+0.08)^8 - 1}{(1+0.08)^8 \times 0.08}$

① − ② = 53万円(レンタル有利)

第9章

ケースによる問題発見と課題の決定

1 会社の問題と経営改善・業務改善

【1】会社の中は「宝の山」

　大きな改善効果を引き出すには、まず改善対象を決定しなければなりません。業務改善や経営改善の対象の選定は、改善効果を出す出発点です。何を改善対象として選定するかによって、効果の大半が決まってしまうといえます。

　そこで大切なのが「問題を見る目」です。実務の世界では、だれも問題を与えてはくれません。したがって「問題を見る目」を持っている人のみ問題点が分かるのです。問題を与えてくれるのならば、ほとんどの人が適切な問題解決をするでしょうが、問題は与えられていないために、「問題を見る目」を持たない人には何も問題がないように思えるのです。

　そんな人、そんな会社に限って、問題がだれにでもはっきり認識できる程度に顕在化してきてはじめて問題の存在に気がつくのです。しかし、そのときはすでに手遅れになっているのです。問題がそれほど大きくない時点で明らかになってこそ、容易に解決できるのです。

　では、問題をとらえるためには、どうすればよいのでしょうか。そ

れには、まず問題を「宝の山」と認識することです。会社の中にはもっとよくなる余地、改善の余地、隠された利益のもと、活用されていない資源がまだたくさんあるはずです。問題なのは、それらがそのまま放置されていることだといえます。こうした隠された利益のもとを「宝の山」というわけです。この「宝の山」を明らかにすることが改善の出発点となるのです。

あなたが学生時代、試験問題は先生が作成して与えてくれました。しかし、会社の問題はだれも与えてくれません。何をどう改善すればよいのかはだれも指示してくれません。したがって、「宝の山」の見えない人は、何の手も打てないでしょう。また、どんな改善も行えないでしょう。

会社の真の問題をとらえて、そこに「宝の山」を見つければ、適切な手が打て、改善も容易になるといえます。

【2】問題はなぜ発生するのか

会社というのは、程度の差こそあれ、必ず問題を抱えているものです。これは、担当者のやる気のなさや、知識・技術の低さによって生じるものではありません。ある水準以上の知識や技術を持った人が真剣に仕事に取り組んでいても、会社の中には問題が生じるのです。

では、なぜ、問題が発生するのでしょうか。それは、図表9-1によって説明することができます。

図表9-1は、会社の中には性質の異なる2つの損失が発生することを意味しています。量が増えれば次第に損失が大きくなる性質の損失(1)と、量が増えれば次第に損失が小さくなる性質の損失(2)があることを示しています。つまり、ある物の量を増やしたり減らしたりすることによって、増加したり減少する2つの損失またはコストがあるということです。

図表9-1　性質の異なる損失が同時に増減する

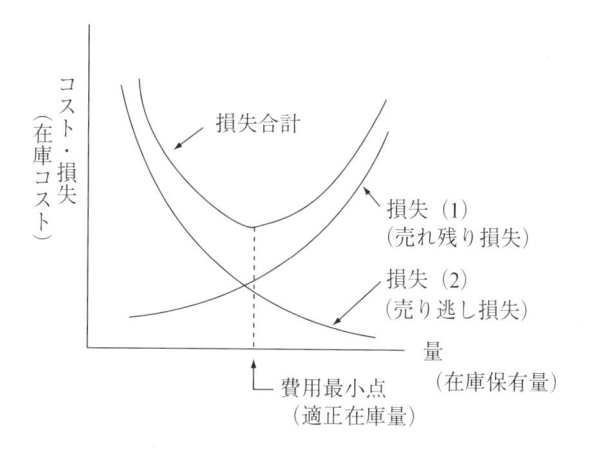

```
コスト・損失
（在庫コスト）
          損失合計
                    損失（1）
                    （売れ残り損失）
                    損失（2）
                    （売り逃し損失）
                              量（在庫保有量）
    費用最小点
    （適正在庫量）
```

　それでは、もう少し理解しやすくするために、商品の在庫量とコストの関係を例にして考えてみましょう。

　在庫保有量を多くすれば、品切れは生じにくくなり、売り逃しによって被る損失は小さくなります。しかし、逆に、在庫保有量が多くなると、それにつれて在庫コストは大きくなります。

　一方、在庫保有量を小さくすると、確かに在庫コストは小さくなりますが、品切れの危険は増大します。したがって、在庫保有量は多すぎても、少なすぎても損失が大きくなってしまい、好ましくないということになります。

　すでにあなたは気づいておられると思いますが、最も有利な点は、損失合計が最も小さい点ということになります。これを費用最小点といいますが、在庫管理では「適正在庫量」とか「基準在庫量」と呼んでいます。

　ところで、商品管理部門では、そのねらいが、在庫コストの低減に置かれていることが多いといえます。したがって、在庫コストを引き下げるために、できるだけ在庫保有量を小さくするように努めます。

一方、営業部門では、得意先からの注文に応じるため、在庫は豊富に持って売上の増大を図ろうとするのです。したがって、いかにして売り逃しを少なくするかに重点が置かれます。このように、それぞれの部門では、それぞれの目的で仕事を行っているのです。

　そこで、異なる立場の主張の対立が生じます。あなたの会社では、営業部門と管理部門が対立し、いつも仲が悪いというようなことはありませんか。どちらの主張も自分の部門の目的を達成するためのものですから、正しい主張なのです。しかし、どちらかの主張が強く出すぎてしまうと、会社の損失が大きくなってしまいます。

　このように、「**会社の問題とは、異なる立場の主張の一方が強く出た状態である**」といえます。これは、在庫保有量に限ったものではなく、取扱品種、売上債権（受取手形、売掛金）管理における信用供与、販売活動など、ほとんどの業務は図表9－1で説明できるのです。なお、売上債権管理における制御基準としては、「与信限度額」を設定し、これにより管理を行います。

【3】最適な状態に維持するためには

　会社の問題とは、異なる立場の主張の一方が強く出た状態であるということが分かりました。立場の主張の対立は、経営活動を営むうえで避けることのできないものと考えるべきでしょう。ところが、放っておいてもかまわないというものではなく、"あちらを立てれば、こちらが立たない"状態を会社として最適な状態に維持しなければなりません。

　そこで、最適な状態に維持するための制御が必要となってきます。制御というと何か難しい高度なコントロールを想像するかもしれませんが、そうではありません。最適な状態に維持するための制御とは、図表9－2に示すように、最適な在庫保有量を維持するために、上限と下限を決め、その範囲内に収まるようにすることです。この上限と

下限の範囲内に制御しなければ、図から分かるように、会社の問題が金額的に見て、大きくなるのです。

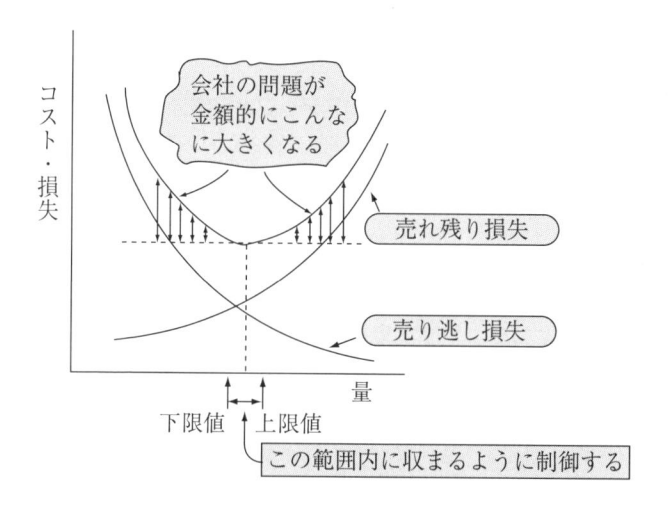

図表9－2　基準による制御の必要性

縦軸：コスト・損失
横軸：量

会社の問題が金額的にこんなに大きくなる

売れ残り損失

売り逃し損失

下限値　上限値

この範囲内に収まるように制御する

【4】経営分析は経営改善・業務改善の出発点

　会社には、必ずいくつかの問題があります。その問題をどのようにとらえるかによって、あるいは問題認識の程度によって、問題解決の方向が決まってしまいます。したがって、何を経営改善・業務改善の対象に選定し、どんなふうに改善するかが大切になります。

　あなたの会社では、業務改善や事務システムの改善にあたって、その対象を決定する際に、できるものからとりあえずやる、思いつきで決める、やりやすい業務からとりあえずやる、といったような非論理的な方法で決定されることはないと思います。ましてや、特定の人の声の大きさで改善課題や改善対象業務が決定されることはないでしょう。

非論理的な方法や特定の人の声の大きさで決定される改善テーマは、会社にとって解決すべき真の課題ではないことが多いといえます。そのように決定されたテーマに、全社一丸となってと称して取り組んでも得られる効果が薄いといえます。それは、会社の真の経営課題でないことが多いからです。

図表9−3　システム構築のステップと経営分析の位置づけ

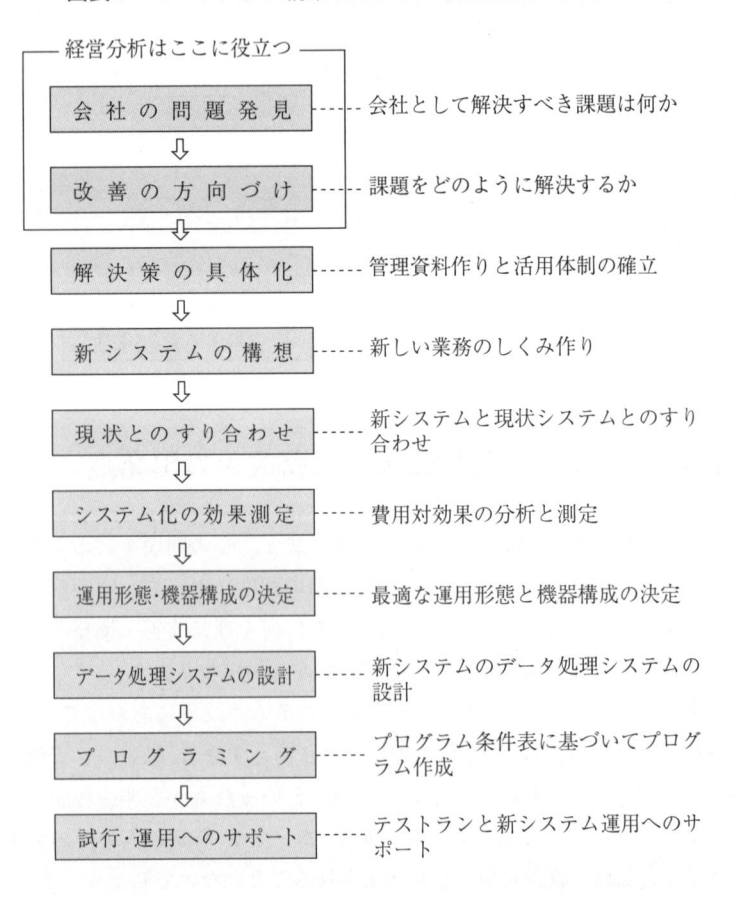

```
┌─ 経営分析はここに役立つ ─┐
│  ┌──────────────┐        │
│  │  会社の問題発見  │────── 会社として解決すべき課題は何か
│  └──────────────┘        │
│         ⇩              │
│  ┌──────────────┐        │
│  │  改善の方向づけ  │────── 課題をどのように解決するか
│  └──────────────┘        │
└────────────────────────┘
         ⇩
  ┌──────────────┐
  │  解決策の具体化  │────── 管理資料作りと活用体制の確立
  └──────────────┘
         ⇩
  ┌──────────────┐
  │  新システムの構想 │────── 新しい業務のしくみ作り
  └──────────────┘
         ⇩
  ┌──────────────┐
  │ 現状とのすり合わせ │────── 新システムと現状システムとのすり合わせ
  └──────────────┘
         ⇩
  ┌──────────────┐
  │ システム化の効果測定 │────── 費用対効果の分析と測定
  └──────────────┘
         ⇩
  ┌──────────────┐
  │ 運用形態・機器構成の決定 │── 最適な運用形態と機器構成の決定
  └──────────────┘
         ⇩
  ┌──────────────┐
  │ データ処理システムの設計 │── 新システムのデータ処理システムの設計
  └──────────────┘
         ⇩
  ┌──────────────┐
  │  プログラミング  │────── プログラム条件表に基づいてプログラム作成
  └──────────────┘
         ⇩
  ┌──────────────┐
  │ 試行・運用へのサポート │── テストランと新システム運用へのサポート
  └──────────────┘
```

財務数値や経営指標などの客観的なデータによって論理的に会社の問題を発見し、問題解決のためのテーマを決定し、解決のためのしくみづくりが大切です。

　業務改善や事務システムの改善は、それを行うことによって大きな改善効果を上げることが目的です。したがって、業務改善にあたっては、まず、会社として解決すべき問題は何かを見極めることが重要な意味を持ってくるのです。

　これまで見てきた経営分析の知識や技法は、会社の問題発見のためのものです。この問題発見は、改善の成果を決める重要なステップで、改善に取り組む出発点となります。

　経営改善・業務改善のステップと経営分析の位置づけを示すと、図表9-3のようになります。

2　モデル企業で見る経営分析の実際

【1】モデル企業はこのような会社

［1］モデル企業の概要

　ここにモデルとして設定した会社を仮にN社としましょう。N社の概要は、次のとおりです。

①**業種**

　家庭用家具の製造販売

②**本社および工場**

　東京都世田谷区等々力

③**事業所**

　東京支店－渋谷区　　　広島支店－広島市　　　札幌支店－札幌市
　大阪支店－大阪市　　　福岡支店－福岡市

名古屋支店－名古屋市　　仙台支店－仙台市
④会社の沿革
　当社は木製家具の製造販売を目的として設立され、今日に至るまで、一貫して家具専門のメーカーとしての道を歩んできた。
⑤製造の特徴
　当社では、製品全体の約35％を当社の技術指導を受けている協力工場に生産を委託するという完全外注方式をとっている。
⑥営業活動の特徴
　当社の支店は全国に7カ所あり、日々の営業活動は各支店で行っている。各支店はそれぞれ製品および商品在庫を保有している。各支店へは、本社工場の配送センターから原則として、月2回商品を配送するやり方をとっている。また、各支店で商品在庫に偏りが生じたときは、配送センターの指示によって、支店間で商品を転送することもある。
　得意先は、主要デパートのほかに全国にある家具問屋と大型家具店であるが、売上拡大策を展開しているため、近年得意先が増加する傾向にある。営業活動は主として定期的に得意先を訪問するやり方をとっており、代金の回収も同時に行っている。
⑦組織の現状
　現状の組織図を示すと図表9－4のとおりである。

[2] モデル企業の財務諸表

　モデル企業の財務諸表は、図表9－5～図表9－7のとおりである。

【2】 どのような現象が出ている会社か

[1] 主要な財務比率を計算すると

　N社の最近5年分の財務諸表に基づいて、主要な比率を算出して示すと、図表9－8のようになります。

図表9-4　N社の組織

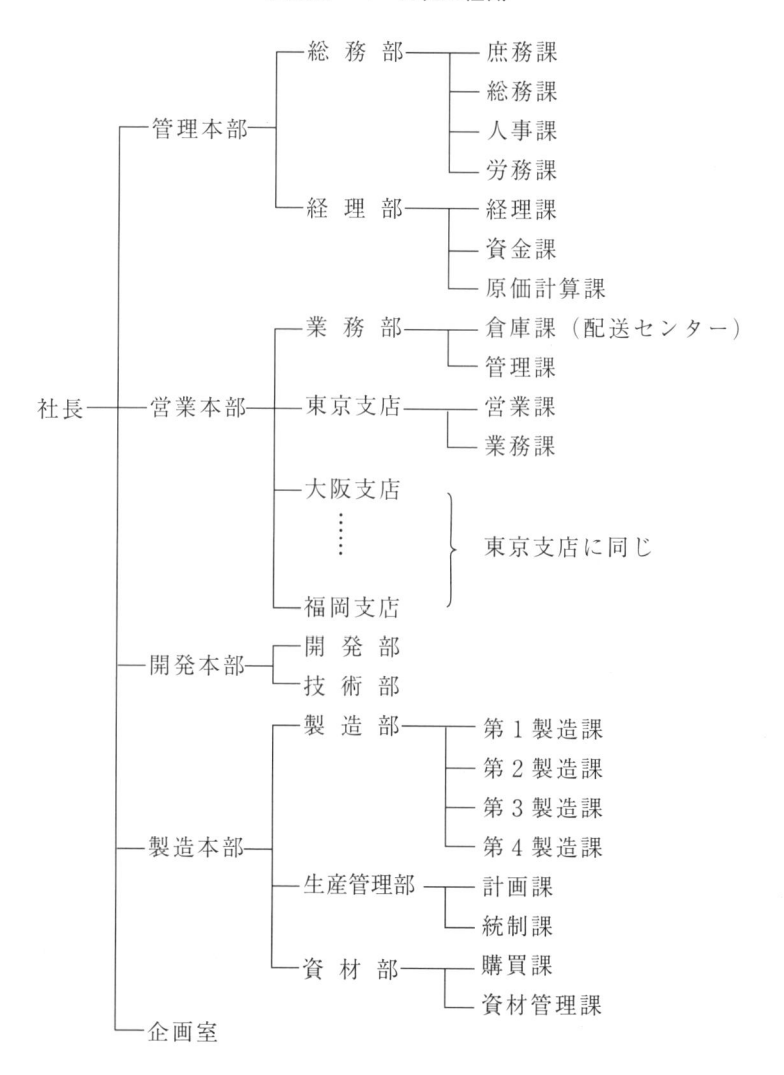

```
                    ┌─総 務 部─┬─庶務課
                    │          ├─総務課
        ┌─管理本部─┤          ├─人事課
        │          │          └─労務課
        │          └─経 理 部─┬─経理課
        │                      ├─資金課
        │                      └─原価計算課
        │          ┌─業 務 部─┬─倉庫課（配送センター）
        │          │          └─管理課
        │          ├─東京支店─┬─営業課
        │          │          └─業務課
        ├─営業本部─┤
        │          ├─大阪支店─┐
        │          │ ⋮         ├─東京支店に同じ
社長───┤          └─福岡支店─┘
        │          ┌─開 発 部
        ├─開発本部─┤
        │          └─技 術 部
        │          ┌─製 造 部─┬─第1製造課
        │          │          ├─第2製造課
        │          │          ├─第3製造課
        │          │          └─第4製造課
        ├─製造本部─┼─生産管理部─┬─計画課
        │          │            └─統制課
        │          └─資 材 部─┬─購買課
        │                      └─資材管理課
        └─企画室
```

171

図表9－5　比較貸借対照表

(単位：千円)

	第46期	第47期	第48期	第49期	第50期
現　金　預　金	115,000	135,000	143,000	185,000	195,000
受　取　手　形	156,000	186,000	214,000	359,000	430,000
売　　掛　　金	394,000	453,000	518,000	600,000	848,000
有　価　証　券	200,000	200,000	200,000	200,000	0
商　　　　　品	70,000	82,000	95,000	115,000	140,000
製　　　　　品	220,000	250,000	310,000	360,000	420,000
原　　材　　料	220,000	220,000	326,000	357,000	425,000
仕　　掛　　品	160,000	175,000	195,000	218,000	243,000
貸　　付　　金	50,000	50,000	60,000	90,000	100,000
仮　　払　　金	100,000	100,000	110,000	160,000	180,000
その他の流動資産	30,000	32,000	33,000	36,000	44,000
流動資産合計	1,715,000	1,883,000	2,204,000	2,680,000	3,025,000
土　　　　　地	500,000	600,000	600,000	600,000	600,000
建　　　　　物	900,000	1,000,000	1,000,000	1,180,000	1,270,000
機　械　装　置	700,000	730,000	800,000	920,000	1,140,000
車　輌　運　搬　具	70,000	80,000	85,000	90,000	105,000
什　器　備　品	90,000	100,000	110,000	170,000	200,000
権　　利　　金	100,000	120,000	150,000	170,000	170,000
投資その他の資産	300,000	400,000	300,000	200,000	100,000
固定資産合計	2,660,000	3,030,000	3,045,000	3,330,000	3,585,000
資　産　合　計	4,375,000	4,913,000	5,249,000	6,010,000	6,610,000
支　払　手　形	212,000	220,000	310,000	355,000	433,000
買　　掛　　金	106,000	123,000	160,000	236,000	332,000
短　期　借　入　金	1,505,000	1,555,000	1,630,000	1,859,000	2,125,000
未　　払　　金	200,000	200,000	220,000	230,000	230,000
納　税　引　当　金	120,000	140,000	140,000	170,000	180,000
その他の流動負債	82,000	90,000	99,000	110,000	120,000
流動負債合計	2,225,000	2,328,000	2,559,000	2,960,000	3,420,000
長　期　借　入　金	500,000	600,000	600,000	750,000	800,000
退職給与引当金	300,000	340,000	360,000	390,000	420,000
その他の固定負債	100,000	115,000	120,000	130,000	140,000
固定負債合計	900,000	1,055,000	1,080,000	1,270,000	1,360,000
負　債　合　計	3,125,000	3,383,000	3,639,000	4,230,000	4,780,000
資　　本　　金	200,000	300,000	300,000	400,000	400,000
資　本　準　備　金	200,000	250,000	250,000	250,000	250,000
利　益　準　備　金	50,000	60,000	60,000	80,000	80,000
利　益　剰　余　金	800,000	920,000	1,000,000	1,050,000	1,100,000
資　本　合　計	1,250,000	1,530,000	1,610,000	1,780,000	1,830,000
負債資本合計	4,375,000	4,913,000	5,249,000	6,010,000	6,610,000
(注)受取手形割引高	614,000	672,000	753,000	819,000	980,000

図表9－6　比較損益計算書

(単位：千円)

	第46期	第47期	第48期	第49期	第50期
純 売 上 高	4,600,000	5,100,000	5,700,000	6,300,000	7,113,000
売 上 原 価	3,220,000	3,576,000	4,006,000	4,445,000	5,063,000
売 上 総 利 益	1,380,000	1,524,000	1,694,000	1,855,000	2,050,000
給 料 手 当	300,000	335,300	380,800	445,800	486,000
福 利 厚 生 費	37,000	40,000	44,200	50,200	54,000
旅 費 交 通 費	63,000	66,000	82,000	88,000	110,000
交 際 費	12,000	11,000	15,400	15,900	17,800
広 告 宣 伝 費	30,000	32,000	44,000	50,000	50,000
荷 造 運 賃	221,000	245,000	284,000	316,000	364,000
車 輌 燃 料 費	12,000	13,500	18,000	17,000	18,000
倉 庫 料	3,000	4,000	6,000	6,000	7,000
水 道 光 熱 費	7,000	7,300	7,600	7,900	8,200
消 耗 品 費	14,500	14,500	17,000	18,700	20,600
保険料、租税公課	89,000	92,100	100,200	106,300	112,400
賃 借 料	50,000	53,000	59,800	62,000	78,000
減 価 償 却 費	45,000	50,000	55,000	60,000	65,000
雑 費 、 そ の 他	35,000	40,000	46,000	54,000	68,000
販売費および一般管理費	920,000	1,003,700	1,160,000	1,287,800	1,459,000
営 業 利 益	460,000	520,300	534,000	567,200	591,000
受取利息、配当金	50,000	56,000	75,000	106,000	134,000
雑 収 入 、 そ の 他	30,000	30,000	30,000	30,000	30,000
営 業 外 収 益	80,000	86,000	105,000	136,000	164,000
支払利息、割引料	250,000	280,000	319,000	365,000	419,000
雑 損 失 、 そ の 他	20,000	25,000	25,000	26,000	27,000
営 業 外 費 用	270,000	305,000	344,000	391,000	446,000
経 常 利 益	270,000	304,000	295,000	312,200	309,000
固定資産売却益他	10,000	10,000	10,000	50,000	50,000
諸引当金戻入額	20,000	30,000	30,000	30,000	30,000
特 別 利 益	30,000	40,000	40,000	80,000	80,000
固定資産売却損他	20,000	20,000	10,000	10,000	0
諸引当金繰入額	30,000	40,000	40,000	40,000	40,000
特 別 損 失	50,000	60,000	50,000	50,000	40,000
税引前当期利益	250,000	284,000	285,000	342,200	349,000
法人税等充当額	120,000	140,000	140,000	170,000	180,000
当 期 純 利 益	130,000	144,000	145,000	172,200	169,000
前期繰越利益	100,000	120,000	100,000	80,000	60,000
当期末処分利益	230,000	264,000	245,000	252,000	229,000
(注)本社,営業関係人員(期末)	185名	188名	191名	195名	200名

図表9－7　比較製造原価報告書

(単位：千円)

	第46期	第47期	第48期	第49期	第50期
期首材料棚卸高	200,000	220,000	220,000	326,000	357,000
当期材料仕入高	1,070,000	1,255,000	1,605,000	1,623,000	1,849,000
小　　計	1,270,000	1,475,000	1,825,000	1,949,000	2,206,000
期末材料棚卸高	220,000	220,000	324,000	357,000	425,000
材　料　費	1,050,000	1,255,000	1,501,000	1,592,000	1,781,000
給　料　賃　金	370,100	403,800	457,200	507,000	533,600
福　利　厚　生　費	34,900	36,200	42,800	47,400	51,400
労　務　費	405,000	440,000	500,000	555,000	585,000
外　注　費	201,000	205,000	211,000	253,000	342,000
動　力　費	300,000	302,000	310,000	331,000	372,000
水　道　光　熱　費	148,000	153,000	160,000	171,000	207,000
修　繕　費	49,000	53,000	58,000	64,000	70,000
工　場　消　耗　品　費	57,000	59,000	63,000	70,000	78,000
減　価　償　却　費	210,000	220,000	240,000	280,000	310,000
保険料、租税公課	61,000	63,000	65,000	67,000	69,000
雑　費　そ　の　他	69,000	65,000	62,000	71,000	81,000
経　費	1,095,000	1,120,000	1,169,000	1,306,000	1,529,000
当期総製造費用	2,550,000	2,815,000	3,170,000	3,453,000	3,895,000
期首仕掛品棚卸高	150,000	160,000	175,000	195,000	218,000
計	2,700,000	2,975,000	3,345,000	3,638,000	4,113,000
期末仕掛品棚卸高	160,000	175,000	195,000	218,000	243,000
当期製品製造原価	2,540,000	2,800,000	3,150,000	3,430,000	3,870,000
(注)工場関係人員	260名	258名	255名	253名	250名

図表9－8　主要比率一覧表

No.	比率名	計算式	単位	第46期	第47期	第48期	第49期	第50期
1	総資本経常利益率	$\frac{経常利益}{総資本} \times 100$	%	6.2	6.2	5.6	5.2	4.7
2	売上高経常利益率	$\frac{経常利益}{売上高} \times 100$	%	5.9	6.0	5.2	5.0	4.3
3	総資本回転率	$\frac{売上高}{総資本}$	回	1.1	1.0	1.1	1.0	1.1
4	売上高総利益率	$\frac{売上総利益}{売上高} \times 100$	%	30.0	29.9	29.7	29.4	28.8
5	売上高原材料費比率	$\frac{原材料費}{売上高} \times 100$	%	22.8	24.6	26.3	25.3	25.0
6	売上高労務費比率	$\frac{労務費}{売上高} \times 100$	%	8.8	8.6	8.8	8.8	8.2
7	売上高営業経費比率	$\frac{販売費および一般管理費}{売上高} \times 100$	%	20.0	19.7	20.4	20.4	20.5
8	売上高営業利益率	$\frac{営業利益}{売上高} \times 100$	%	10.0	10.2	9.4	9.0	8.3
9	売上高人件費比率	$\frac{給料手当＋福利厚生費}{売上高} \times 100$	%	7.3	7.4	7.5	7.9	7.6
10	売上高旅費交通費比率	$\frac{旅費交通費}{売上高} \times 100$	%	1.4	1.3	1.4	1.4	1.5
11	売上高荷造運送費比率	$\frac{荷造運賃}{売上高} \times 100$	%	4.8	4.8	5.0	5.0	5.1
12	売上高倉庫料比率	$\frac{倉庫料}{売上高} \times 100$	%	0.1	0.1	0.1	0.1	0.1
13	売上高広告宣伝費比率	$\frac{広告宣伝費}{売上高} \times 100$	%	0.7	0.6	0.8	0.8	0.7
14	売上高交際費比率	$\frac{交際費}{売上高} \times 100$	%	0.3	0.3	0.3	0.3	0.3
15	売上高減価償却費比率	$\frac{減価償却費}{売上高} \times 100$	%	5.6	5.3	5.2	5.4	5.3
16	売上高金融費用比率	$\frac{支払利息割引料}{売上高} \times 100$	%	5.4	5.5	5.6	5.8	5.9
17	総資本純利益率	$\frac{当期純利益}{総資本} \times 100$	%	3.0	2.9	2.8	2.9	2.6
18	売上高伸び率	$\frac{当期売上高－前期売上高}{前期売上高} \times 100$	%	－	10.9	11.8	10.5	12.9
19	受取手形回転率(A)	$\frac{売上高}{受取手形}$	回	29.5	27.4	26.6	17.6	16.5
20	受取手形回転率(B)	$\frac{売上高}{受取手形＋割引手形}$	回	6.0	5.9	5.9	5.3	5.0
21	売掛金回転率	$\frac{売上高}{売掛金}$	回	11.7	11.3	11.0	10.5	8.4
22	商品回転率	$\frac{売上高}{商品}$	回	65.7	62.2	60.0	54.8	50.8
23	製品回転率	$\frac{売上高}{製品}$	回	20.9	20.4	18.4	17.5	16.9
24	原材料回転率	$\frac{売上高}{原材料}$	回	20.9	23.2	17.5	17.7	16.7

主要比率一覧表（つづき）

No.	比率名	計算式	単位	第46期	第47期	第48期	第49期	第50期
25	仕掛品回転率	$\frac{売上高}{仕掛品}$	回	28.8	29.1	29.2	28.9	29.3
26	固定資産回転率	$\frac{売上高}{固定資産}$	回	1.7	1.7	1.9	1.9	2.0
27	流動比率	$\frac{流動資産}{流動負債} \times 100$	%	77.1	80.9	86.1	90.5	88.5
28	当座比率	$\frac{当座資産}{流動負債} \times 100$	%	32.5	41.8	42.0	45.4	43.1
29	固定比率	$\frac{固定資産}{自己資本} \times 100$	%	212.8	198.0	189.1	187.1	195.9
30	固定長期適合率	$\frac{固定資産}{自己資本+固定負債} \times 100$	%	123.7	111.2	113.2	109.2	112.4
31	負債比率	$\frac{負債}{自己資本} \times 100$	%	250.0	221.0	226.0	237.6	261.2
32	自己資本比率	$\frac{自己資本}{総資本} \times 100$	%	28.6	31.1	30.7	29.6	27.1
33	限界利益	売上高－変動費	百万円	2,816	3,079	3,376	3,791	4,236
34	限界利益率	$\frac{限界利益}{売上高} \times 100$	%	61.2	60.4	59.2	60.2	59.6
35	損益分岐点	$\frac{固定費}{限界利益率}$	百万円	4,160	4,594	5,204	5,779	6,588
36	変動費率	$\frac{変動費}{売上高} \times 100$	%	38.8	39.6	40.8	39.8	40.4
37	固定費率	$\frac{固定費}{売上高} \times 100$	%	55.3	54.4	54.1	55.2	55.2
38	損益分岐点比率	$\frac{損益分岐点}{売上高} \times 100$	%	90.4	90.1	91.3	91.7	92.6
39	安全余裕率	$\frac{売上高-損益分岐点}{売上高} \times 100$	%	9.6	9.9	8.7	8.3	7.4
40	付加価値額	下記参照（*1）	百万円	1,641	1,799	1,977	2,211	2,396
41	1人当たり付加価値	$\frac{付加価値}{従業員数}$	万円	368	403	443	493	532
42	付加価値率	$\frac{付加価値}{売上高} \times 100$	%	35.7	35.2	34.7	35.1	33.7
43	資本集約度	$\frac{総資本}{従業員数}$	万円	983	1,101	1,177	1,341	1,469
44	労働装備率	$\frac{有形固定資産}{従業員数}$	万円	507	562	582	659	736
45	総資本投資効率	$\frac{付加価値}{総資本} \times 100$	%	37.5	36.6	37.7	36.8	36.2
46	設備投資効率	$\frac{付加価値}{有形固定資産} \times 100$	%	72.6	71.7	76.2	76.7	72.3
47	有形固定資産回転率	$\frac{売上高}{有形固定資産}$	回	2.0	2.0	2.2	2.1	2.2
48	1人当たり売上高	$\frac{売上高}{従業員数}$	万円	1,033	1,143	1,278	1,406	1,580

*1　付加価値＝経常利益＋給料手当＋福利厚生費＋保険料・租税公課×$\frac{1}{2}$＋賃借料
　　　＋減価償却費＋支払利息割引料＋給料賃金

この分析では、会社で生じているいろいろな現象をとらえ、それを基にして問題を発見し、将来にわたっての課題を決定するものです。他企業と比較するものではないので、業界の平均値は示していません。したがって、分析比率は比率の傾向や推移という形で活用します。

N社の分析結果を整理すると、以下のようになります。理解を容易にするために比率一覧表を再度示し、説明を若干加えました。さらに、分析のステップごとに図表にとりまとめています。この表では、財務比率や決算数値によって明らかになった事柄（とらえた現象）を示しています。また、好ましくない現象はなぜ起きたのか、考えられる原因・背景（推測したこと）は、図表9－9～図表9－15の比率番号（カッコ付の番号）の左側に「推」と表示し、アミカケしています。

[2] 会社全体の傾向

N社について会社全体の傾向をとらえてみましょう。これには、次の3つの指標を用います。

1	総資本経常利益率	経常利益／総資本 ×100	％	6.2	6.2	5.6	5.2	4.7
2	売上高経常利益率	経常利益／売上高 ×100	％	5.9	6.0	5.2	5.0	4.3
3	総資本回転率	売上高／総資本	回	1.1	1.0	1.1	1.0	1.1

総資本経常利益率の低下から見て、N社では、会社全体として見ると、効率つまり会社の業績は著しく低下していることが分かります。これを資産の利用効率と売上高当たりの収益性の2つに分けてとらえると、総資本回転率は、ほぼ横ばいで推移しているので、さほど問題はないといえます。

ところが、売上高経常利益率は著しく低下しているので、売上高当たりの収益性はかなり悪化していることが分かります。

つまり、全体的な効率の悪化の主な原因は、資産の活用効率よりもむしろ、売上高当たりの収益性にあるといえます。

[3] 製品・商品の収益力

商品とは他社から買ってきて売るもの（完全外注品）のことで、製品とは、自社で製造しているもの（自製品）のことです。製品・商品の収益力を見るために、次の3つの指標を観察します。

4	売上高総利益率	$\frac{売上総利益}{売上高} \times 100$	%	30.0	29.9	29.7	29.4	28.8
5	売上高原材料費比率	$\frac{原材料費}{売上高} \times 100$	%	22.8	24.6	26.3	25.3	25.0
6	売上高労務費比率	$\frac{労務費}{売上高} \times 100$	%	8.8	8.6	8.8	8.8	8.2

売上高総利益率は、この5年間に1.2ポイントも低下していることから、同社の製品・商品の収益力は年々低下していることが分かります。

売上総利益は、売上原価（売れた製品・商品の製造原価または仕入原価）から影響を受けます。同社では、自製品のウエイトが高いので、製造原価の中で原材料費と労務費について観察します。

売上高に占める労務費の割合は、とくに問題はありませんが、売上高に占める原材料費の割合が年々増大していることが問題であると指摘できます。

したがって、製品・商品の収益力の低下は、原材料費の増大が原因であるといえます。これまでのところを、図表9－9によって確認してください。

売上の伸び以上に原材料費が増大しているのは、会社にとって「好ましくない現象」が生じているということです。そこで解決策という手を打たなければなりません。**解決策は、起きている現象に対して講じるのではなく、それを起こしている「原因・背景」に対して講じなければ本当の解決につながりません。**生じている現象に対して手を打っても本当の解決になりません。このような対応を「対症療法」というのです。解決策は、好ましくない現象を起こしている原因・背景に対して講じなければなりません。このような対応のしかたを「問題対応型」（または問題解決型）といいます。

―― 解決策は原因・背景に対して手を打つ ――

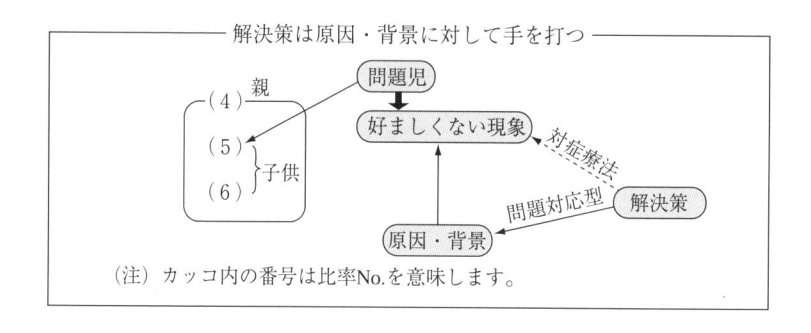

```
          親    ┌─────┐
    (4) ─┐    │問題児│
         │    └──┬──┘
    (5) ─┼子供   ▼
         │    ┌──────┐  対症療法
    (6) ─┘    │好ましくない現象│◄╌╌╌╌╌╌╌┐
              └──────┘          ╎
                 ▲                ╎
                 │  問題対応型   ┌────┐
              ┌──────┐◄──────│解決策│
              │原因・背景│         └────┘
              └──────┘
```

（注）カッコ内の番号は比率No.を意味します。

図表9－9　全体の傾向と製品・商品の収益力

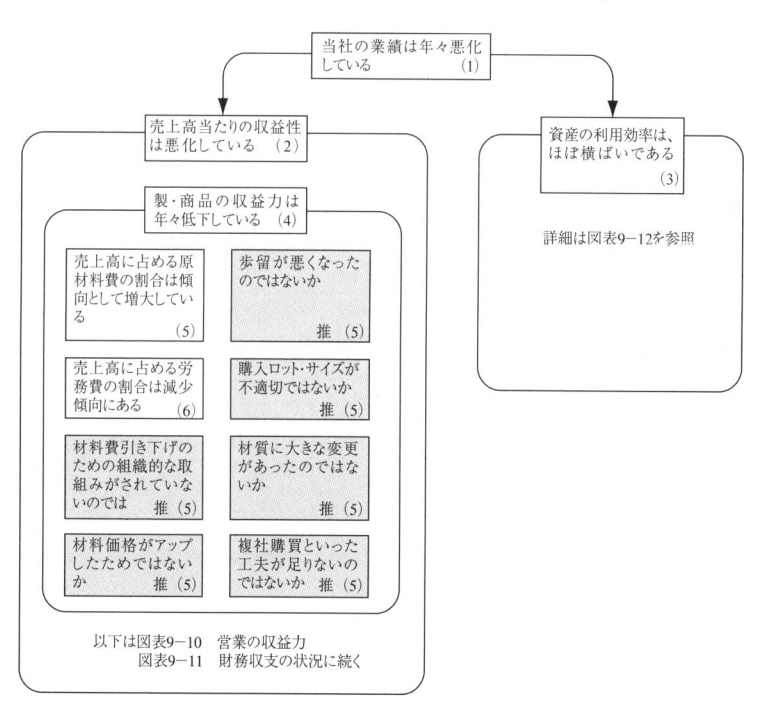

```
              ┌─────────┐
              │当社の業績は年々悪化│
              │している    (1)   │
              └──┬───────┬──┘
                 │         │
    ┌────────┴─┐   ┌──┴─────────┐
    │売上高当たりの収益性│   │資産の利用効率は、  │
    │は悪化している (2) │   │ほぼ横ばいである    │
    └──────────┘   │          (3)      │
                          └──────────┘
    ┌──────────┐
    │製・商品の収益力は  │       詳細は図表9－12を参照
    │年々低下している(4)│
    └──────────┘
```

売上高に占める原材料費の割合は傾向として増大している (5)	歩留が悪くなったのではないか 推 (5)
売上高に占める労務費の割合は減少傾向にある (6)	購入ロット・サイズが不適切ではないか 推 (5)
材料費引き下げのための組織的な取組みがされていないのでは 推 (5)	材質に大きな変更があったのではないか 推 (5)
材料価格がアップしたためではないか 推 (5)	複社購買といった工夫が足りないのではないか 推 (5)

以下は図表9－10　営業の収益力
　　　　図表9－11　財務収支の状況に続く

そこで、原材料費増大の原因・背景を推測するのです。この分析段階で、以下に示すような推測をしておきます。そして、今後の実態調査をもって、真の原因・背景をつきとめ、解決策を講じていくのです。

- 材料費引き下げのための組織的な取り組みがされていないのではないか
- 材料の歩留が悪くなったのではないか
- 購入ロット・サイズが不適切ではないか
- 材質に大きな変化があったのではないか
- 複社購買といった工夫が足りないのではないか、etc

[4] 営業の収益力（営業活動の効率）

営業の収益力は、売上高営業利益率のほかに、主な営業関係費用の対売上高比率によってとらえることができます。

7	売上高営業経費比率	$\frac{販売費および一般管理費}{売\ 上\ 高} \times 100$	%	20.0	19.7	20.4	20.4	20.5
8	売上高営業利益率	$\frac{営業利益}{売上高} \times 100$	%	10.0	10.2	9.4	9.0	8.3
9	売上高人件費比率	$\frac{給料手当＋福利厚生費}{売\ 上\ 高} \times 100$	%	7.3	7.4	7.5	7.9	7.6
10	売上高旅費交通費比率	$\frac{旅費交通費}{売\ 上\ 高} \times 100$	%	1.4	1.3	1.4	1.4	1.5
11	売上高荷造運送費比率	$\frac{荷造運賃}{売\ 上\ 高} \times 100$	%	4.8	4.8	5.0	5.0	5.1
12	売上高倉庫料比率	$\frac{倉\ 庫\ 料}{売\ 上\ 高} \times 100$	%	0.1	0.1	0.1	0.1	0.1
13	売上高広告宣伝費比率	$\frac{広告宣伝費}{売\ 上\ 高} \times 100$	%	0.7	0.6	0.8	0.8	0.7
14	売上高交際費比率	$\frac{交\ 際\ 費}{売\ 上\ 高} \times 100$	%	0.3	0.2	0.3	0.3	0.3
15	売上高減価償却費比率	$\frac{減価償却費}{売\ 上\ 高} \times 100$	%	5.6	5.3	5.2	5.4	5.3

売上高営業利益率は、この5年間に1.7ポイントも低下していることから、同社の営業の収益力は年々低下していることが分かります。この原因は、主に人件費と荷造運送費の増大にあるといえます。

人件費の増加傾向は、間接部門の人員増が影響しているものと思わ

れます。したがって、今後は、適材適所という面にポイントを置いたローテーション（直接部門の強化）も、検討の余地があるものと思われます。

　荷造運送費の増大は、日常的な荷造・梱包、転配送の効率悪化によるものと思われます。したがって、今後は本社配送センターから各支店への配送や、支店間での転送を効率化するための工夫がポイントになります。

図表9－10　営業の収益力

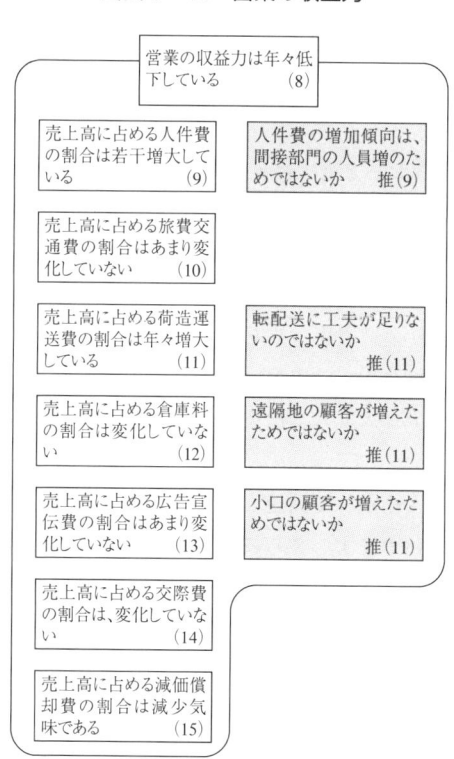

```
┌─────────────────────────────┐
│   営業の収益力は年々低       │
│   下している          (8)    │
└─────────────────────────────┘

┌──────────────────┐  ┌──────────────────────┐
│売上高に占める人件費│  │人件費の増加傾向は、  │
│の割合は若干増大して│  │間接部門の人員増のた  │
│いる          (9)   │  │めではないか　推(9)   │
└──────────────────┘  └──────────────────────┘

┌──────────────────┐
│売上高に占める旅費交│
│通費の割合はあまり変│
│化していない   (10) │
└──────────────────┘

┌──────────────────┐  ┌──────────────────────┐
│売上高に占める荷造運│  │転配送に工夫が足りな  │
│送費の割合は年々増大│  │いのではないか        │
│している      (11)  │  │              推(11)  │
└──────────────────┘  └──────────────────────┘

┌──────────────────┐  ┌──────────────────────┐
│売上高に占める倉庫料│  │遠隔地の顧客が増えた  │
│の割合は変化していな│  │ためではないか        │
│い           (12)   │  │              推(11)  │
└──────────────────┘  └──────────────────────┘

┌──────────────────┐  ┌──────────────────────┐
│売上高に占める広告宣│  │小口の顧客が増えたた  │
│伝費の割合はあまり変│  │めではないか          │
│化していない   (13) │  │              推(11)  │
└──────────────────┘  └──────────────────────┘

┌──────────────────┐
│売上高に占める交際費│
│の割合は、変化していな│
│い           (14)   │
└──────────────────┘

┌──────────────────┐
│売上高に占める減価償│
│却費の割合は減少気  │
│味である      (15)  │
└──────────────────┘
```

[5] 財務収支の状況

2	売上高経常利益率	$\frac{経常利益}{売上高}\times100$	%	5.9	6.0	5.2	5.0	4.3
16	売上高金融費用比率	$\frac{支払利息、割引料}{売上高}\times100$	%	5.4	5.5	5.6	5.8	5.9

営業利益	460,000	520,300	534,000	567,200	591,000
受取利息、配当金	50,000	56,000	75,000	106,000	134,000
雑収入、その他	30,000	30,000	30,000	30,000	30,000
営業外収益	80,000	86,000	105,000	136,000	164,000
支払利息、割引料	250,000	280,000	319,000	365,000	419,000
雑損失、その他	20,000	25,000	25,000	26,000	27,000
営業外費用	270,000	305,000	344,000	391,000	446,000
経 常 利 益	270,000	304,000	295,000	312,200	309,000

　財務収支の状況を示す売上高経常利益率は、年々低下傾向にあることから分かるように、同社の財務収支の状況は悪化しているといえるでしょう。

　この原因は、営業外収益の伸びよりも、営業外費用の増大が大きいためです。つまり金融費用（支払利息、割引料、売上割引など）の増大が経常利益を圧迫しているということです。N社は、支払利息や割引料といった資金コストの支出を伴う資金に多くを依存してきているということです。

　大切なことは、そうして調達した資金をどこに運用しているかを知る必要があるといえます。さらに、借金をしなくてもすむ体質に変えることがポイントになります。

図表9－11　財務収支の状況

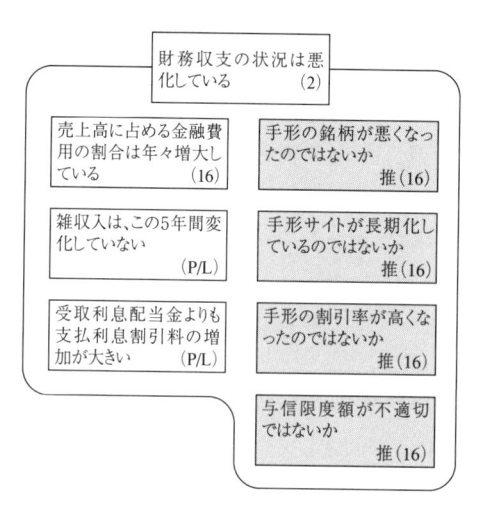

```
                財務収支の状況は悪
                化している    (2)

  売上高に占める金融費         手形の銘柄が悪くなっ
  用の割合は年々増大し         たのではないか
  ている       (16)              推(16)

  雑収入は、この5年間変        手形サイトが長期化し
  化していない                 ているのではないか
               (P/L)             推(16)

  受取利息配当金よりも         手形の割引率が高くな
  支払利息割引料の増           ったのではないか
  加が大きい   (P/L)             推(16)

                              与信限度額が不適切
                              ではないか
                                 推(16)
```

[6] 資産の利用効率

資産の利用効率は、各種の回転率を見れば分かります。N社の回転率は、次のとおりです。

19	受取手形回転率(A)	$\dfrac{売上高}{受取手形}$	回	29.5	27.4	26.6	17.6	16.5
20	受取手形回転率(B)	$\dfrac{売上高}{受取手形＋割引手形}$	回	6.0	5.9	5.9	5.3	5.0
21	売掛金回転率	$\dfrac{売上高}{売掛金}$	回	11.7	11.3	11.0	10.5	8.4
22	商品回転率	$\dfrac{売上高}{商品}$	回	65.7	62.2	60.0	54.8	50.8
23	製品回転率	$\dfrac{売上高}{製品}$	回	20.9	20.4	18.4	17.5	16.9
24	原材料回転率	$\dfrac{売上高}{原材料}$	回	20.9	23.2	17.5	17.7	16.7
25	仕掛品回転率	$\dfrac{売上高}{仕掛品}$	回	28.8	29.1	29.2	28.9	29.3
26	固定資産回転率	$\dfrac{売上高}{固定資産}$	回	1.7	1.7	1.9	1.9	2.0

これらの回転率の中で、とくに悪化しているものをピックアップします。

　まず、受取手形回転率、売掛金回転率がそれぞれ低下しています。売上の伸び以上に、受取手形や売掛金が増大していることを意味します。したがって今後は、営業関係の人たちを上手に動機づけ、売上債権の回収強化を図ることがポイントになります。

　また、商品、製品、原材料の回転率が、いずれも年々低下しています。したがって、製品・商品、原材料（資材）の在庫期間の短縮がポイントになります。そのためには、これらの在庫管理を強化しなければなりません。

　N社は、調達した資金が売上債権や、製品・商品、原材料（資材）といった在庫に資金が固定していることが問題です。したがって、これらをできるだけ圧縮し（ゼイ肉を落とし）、資金を流動化（資金をウカす）し、借金の返済に充てるべきです。

　なお、次頁の図表9－12に、資産の利用効率の分析ステップを掲げています。

[7] 安全性の分析

　安全性を見るための関係比率は、186頁上段に示したとおりです。

　N社の安全性は、年々低下傾向にあるといえます。これらの比率の中で一番重視しなければならないのは、自己資本比率です。自己資本比率は傾向として悪化したことから分かるように、N社の財務体質は年々弱体化しているといえます。

　したがって、N社は先にも触れたように、売上債権の回収強化や在庫の圧縮などによって資金の固定化を回避し、資金を流動化させることが大切です。そのためには、業務改善や管理システムの改善を通じて「管理力を強化する」ことが決め手となります。

　安全性の分析のステップは、図表9－13のとおりです。

図表9－12　資産の利用効率

```
資産の利用効率は、ほぼ横
ばいである
                    (3)
```

受取手形回転率（A）の低下から見て、手形が年々増えている (16)	営業担当者は債権回収についての意識が低いのではないか 推(20、21)	受取手形の増加はムリな商売が影響しているのではないか 推(19)
受取手形回転率は割手を含めても年々低下している (20)	得意先に対する信用供与期間が長すぎるのではないか 推(20、21)	手形サイトが長期化しているのではないか 推(20)
売掛金回転率の低下から見て、売掛金が年々増加している (21)	与信限度額が不適切ではないか 推(20、21)	営業担当者の業績評価と処遇の制度がないのではないか 推(20、21)

商品回転率の低下から見て、商品在庫が増大している (22)	製・商品の在庫基準が大きすぎるのではないか 推(22、23)	売れ筋、死に筋の見極めがされていないのではないか 推(22、23)
製品回転率の低下から見て、製品在庫が増大している (23)	生産ロット・サイズが大きすぎるのではないか 推(23)	各支店での在庫保有が大きすぎるのではないか 推(22、23)
原材料回転率の低下から見て、資材在庫が増大している (24)	資材の在庫基準が不適切ではないか 推(24)	在庫管理と製造との一元化が図られていないのではないか 推(23)
仕掛品回転率はほぼ横ばいで推移している (25)	取扱品種が増えたのではないか 推(23)	生産方式に問題があるのではないか 推(23)

```
固定資産回転率は若干
アップ気味で、利用効率は
よい
                    (26)
```

27	流動比率	$\frac{流動資産}{流動負債}\times100$	%	77.1	80.9	86.1	90.5	88.5
28	当座比率	$\frac{当座資産}{流動負債}\times100$	%	32.5	41.8	42.0	45.4	43.1
29	固定比率	$\frac{固定資産}{自己資本}\times100$	%	212.8	198.0	189.1	187.1	195.9
30	固定長期適合率	$\frac{固定資産}{自己資本＋固定負債}\times100$	%	123.7	111.2	113.2	109.2	112.4
31	負債比率	$\frac{負債}{自己資本}\times100$	%	250.0	221.0	226.0	237.6	261.2
32	自己資本比率	$\frac{自己資本}{総資本}\times100$	%	28.6	31.1	30.7	29.6	27.1

図表9－13　安全性の分析

- 安全性は低くはないが財務体質は悪化している
  - 支払能力を示す流動比率は若干アップしている　(27)
  - 当座比率から見て、支払能力に大きな変化は見られない　(28)
  - 設備投資は自己資金で賄えきれていない　(29)
  - 設備投資は長期借金に依存している　(30)
  - 負債比率のアップから見て、借金への依存が大きくなっている　(31)
  - 自己資本比率のダウンから見て、財務体質は傾向として悪化している　(32)
    - 調達した資金が売上債権に固定化しているのではないか　推(32)
    - 調達した資金が在庫に固定化しているのではないか　推(32)

[8] 損益分岐点の分析

損益分岐点分析のための代表的な指標を示すと、次のとおりです。

33	限 界 利 益	売上高－変動費	百万円	2,816	3,079	3,376	3,791	4,236
34	限 界 利 益 率	$\frac{限界利益}{売上高} \times 100$	%	61.2	60.4	59.2	60.2	59.6
35	損 益 分 岐 点	$\frac{固定費}{限界利益率}$	百万円	4,160	4,594	5,204	5,779	6,588
36	変 動 費 率	$\frac{変動費}{売上高} \times 100$	%	38.8	39.6	40.8	39.8	40.4
37	固 定 費 率	$\frac{固定費}{売上高} \times 100$	%	55.3	54.4	54.1	55.2	55.2
38	損益分岐点比率	$\frac{損益分岐点}{売上高} \times 100$	%	90.4	90.1	91.3	91.7	92.6
39	安 全 余 裕 率	$\frac{売上高－損益分岐点}{売上高} \times 100$	%	9.6	9.9	8.7	8.3	7.4

　N社は、限界利益率の低下傾向から見て、うまみが小さくなっているといえます。また、損益分岐点比率や安全余裕率から分かるように、採算の状態が年々悪化しており、経営に余裕がなくなってきていると指摘できます。

　この採算性の悪化は、主として、材料費、外注費、荷造運送費など変動費の増大と、人件費や金利の負担増が影響しているものと思われます。

　したがって今後は、固定費の増加を抑えながら売上の増大を図ることによって、固定費の負担割合を相対的に小さくすることがポイントになります。

　さらに、原材料費などを引き下げるための組織的な取り組み（ＶＥの推進）や、限界利益率の高い製品構成の改善、付加価値の高い新製品の開発などによって、変動費率を下げる方策を展開しなければなりません。

図表9－14　損益分岐点の分析

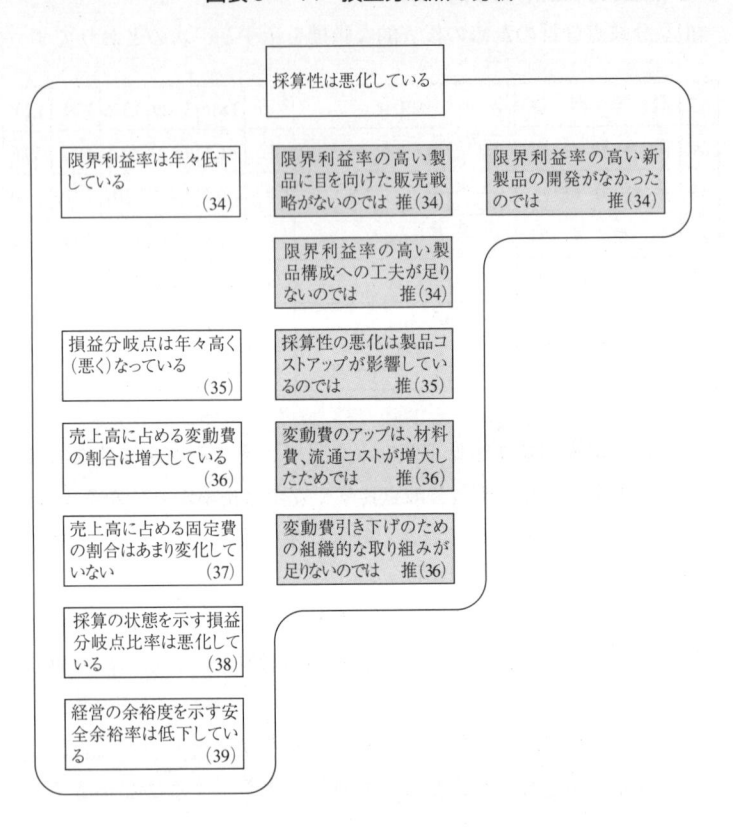

```
                    ┌─────────────────┐
                    │ 採算性は悪化している │
                    └─────────────────┘

┌─────────────┐  ┌─────────────┐  ┌─────────────┐
│限界利益率は年々低下│  │限界利益率の高い製│  │限界利益率の高い新│
│している       │  │品に目を向けた販売│  │製品の開発がなかった│
│        (34)│  │略がないのでは 推(34)│  │のでは    推(34)│
└─────────────┘  └─────────────┘  └─────────────┘
                  ┌─────────────┐
                  │限界利益率の高い製│
                  │品構成への工夫が足り│
                  │ないのでは  推(34)│
                  └─────────────┘
┌─────────────┐  ┌─────────────┐
│損益分岐点は年々高く│  │採算性の悪化は製品コ│
│(悪く)なっている  │  │ストアップが影響してい│
│        (35)│  │るのでは   推(35)│
└─────────────┘  └─────────────┘
┌─────────────┐  ┌─────────────┐
│売上高に占める変動費│  │変動費のアップは、材料│
│の割合は増大している│  │費、流通コストが増大し│
│        (36)│  │たためでは  推(36)│
└─────────────┘  └─────────────┘
┌─────────────┐  ┌─────────────┐
│売上高に占める固定費│  │変動費引き下げのため│
│の割合はあまり変化して│  │の組織的な取り組みが│
│いない     (37)│  │足りないのでは 推(36)│
└─────────────┘  └─────────────┘
┌─────────────┐
│採算の状態を示す損益│
│分岐点比率は悪化して│
│いる      (38)│
└─────────────┘
┌─────────────┐
│経営の余裕度を示す安│
│全余裕率は低下してい│
│る       (39)│
└─────────────┘
```

[9] 生産性の分析

生産性分析のための代表的な指標を示すと、次のとおりです。

Ｎ社の労働生産性は、1人当たりの付加価値から見て、年々増えているものの、第50期は伸びが小さいといえます。このために、付加価値率が第50期に低下しています。設備や人に余力があれば、外作を内作に切り替えられるよう、内外作の見直しも必要と思われます。

資本生産性は、総資本投資効率や設備投資効率から見て、大きな問題はなさそうです。しかし、既存の設備の有効活用という面で、改善の余地はないかどうかを検討することも大切です。

40	付加価値額	下記参照（※1）	百万円	1,641	1,799	1,977	2,211	2,396
41	1人当たり付加価値	$\dfrac{付加価値}{従業員数}$	万円	368	403	443	493	532
42	付加価値率	$\dfrac{付加価値}{売上高}\times100$	％	35.7	35.2	34.7	35.1	33.7
43	資本集約度	$\dfrac{総資本}{従業員数}$	万円	983	1,101	1,177	1,341	1,469
44	労働装備率	$\dfrac{有形固定資産}{従業員数}$	万円	507	562	582	659	736
45	総資本投資効率	$\dfrac{付加価値}{総資本}\times100$	％	37.5	36.6	37.7	36.8	36.2
46	設備投資効率	$\dfrac{付加価値}{有形固定資産}\times100$	％	72.6	71.7	76.2	76.7	72.3
47	有形固定資産回転率	$\dfrac{売上高}{有形固定資産}$	回	2.0	2.0	2.2	2.1	2.2
48	1人当たり売上高	$\dfrac{売上高}{従業員数}$	万円	1,033	1,143	1,278	1,406	1,580

※1　付加価値＝経常利益＋給料手当＋福利厚生費＋保険料・租税公課×$\dfrac{1}{2}$＋
　　　賃借料＋減価償却費＋支払利息割引料＋給料賃金

図表 9 − 15　生産性の分析

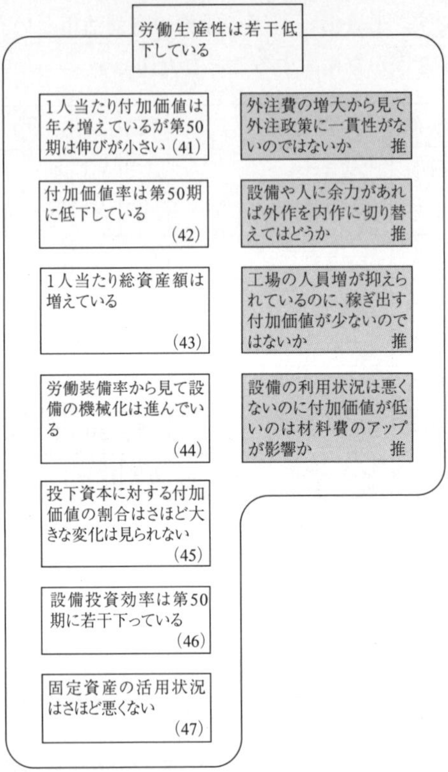

```
┌─ 労働生産性は若干低下している
│
├─ 1人当たり付加価値は年々増えているが第50期は伸びが小さい (41) ── 外注費の増大から見て外注政策に一貫性がないのではないか　推
│
├─ 付加価値率は第50期に低下している (42) ── 設備や人に余力があれば外作を内作に切り替えてはどうか　推
│
├─ 1人当たり総資産額は増えている (43) ── 工場の人員増が抑えられているのに、稼ぎ出す付加価値が少ないのではないか　推
│
├─ 労働装備率から見て設備の機械化は進んでいる (44) ── 設備の利用状況は悪くないのに付加価値が低いのは材料費のアップが影響か　推
│
├─ 投下資本に対する付加価値の割合はさほど大きな変化は見られない (45)
│
├─ 設備投資効率は第50期に若干下っている (46)
│
└─ 固定資産の活用状況はさほど悪くない (47)
```

3　課題解決のためには

【1】問題点絞り込みの着眼点

　会社の問題は、いろいろ異なった現象として現れてきます。しかし、問題の本質をとらえて整理すれば、いくつかの問題に絞り込むことができます。問題点絞り込みの着眼点は、図表 9 − 16のとおりです。

図表9−16　問題点絞り込みの着眼点

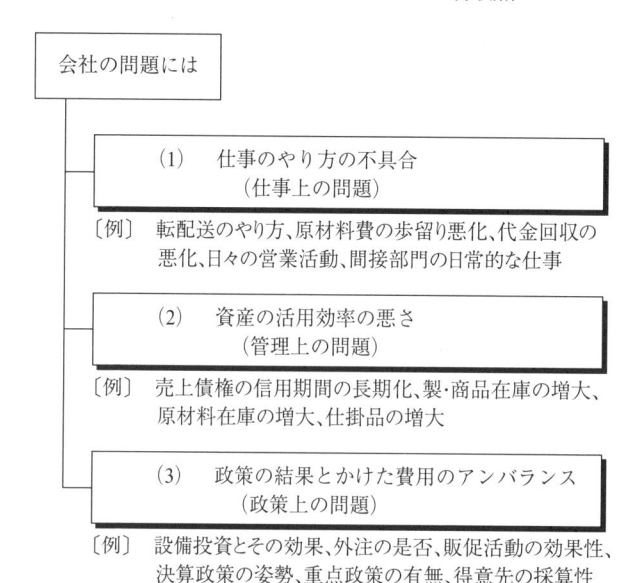

```
会社の問題には
   ├─ (1) 仕事のやり方の不具合
   │        (仕事上の問題)
   │   〔例〕 転配送のやり方、原材料費の歩留り悪化、代金回収の
   │        悪化、日々の営業活動、間接部門の日常的な仕事
   │
   ├─ (2) 資産の活用効率の悪さ
   │        (管理上の問題)
   │   〔例〕 売上債権の信用期間の長期化、製・商品在庫の増大、
   │        原材料在庫の増大、仕掛品の増大
   │
   └─ (3) 政策の結果とかけた費用のアンバランス
            (政策上の問題)
       〔例〕 設備投資とその効果、外注の是否、販促活動の効果性、
            決算政策の姿勢、重点政策の有無、得意先の採算性
```

[1] 仕事のやり方にまずさはないか

　問題の中には、日々の仕事のやり方の効率が悪かったり、不具合であるために生じるものがあります。例えば、荷造梱包のやり方、出荷配送や転送のやり方が効率的でないとか、原材料の歩留りを高めるための組織的な取り組みがない、などがこれです。これらは効率よく手際よくやれば、もっと安いコストででき、しかも、より大きな効果が得られるはずです。

　こうした、仕事の効率の悪さや不具合への対応には2つあります。まず、第1に、「**仕事の要求する熟練度を下げる**」ということです。仕事というものは、特定の仕事、例えば、企画的なもの、研究開発や芸術的なもの以外は、たいていルーチン化（定型化）できるはずです。しかし、一般に、何でもない簡単な仕事が、ことさら難しく行われて

いることが少なくありません。しかもあまりにも個人のスキルにたよって仕事をしていることが少なくありません。これでは、人が何人いても足りません。仕事は、だれがやっても理解しやすい簡単なしくみになっていなければなりません。つまり、だれにでも理解しやすい簡単なしくみが大切であり、そのためには、仕事の定型化、標準化、マニュアル化を推進しなければならないということです。

第2に、「**仕事を通じて人を上手に動機づける**」ことが大切です。仕事に不具合が生じるということは、意識や意欲が低いことがあげられます。人はどんなに能力があっても、やる気がなければ力は発揮されません。やる気を出させるためには、仕事を通じて動機づけのできるしくみが必要です。

人や組織は、自分が最も有利に評価されるように行動します。好ましくない評価を受けようと思って行動する人はいません。自分が最も有利に行動したとき、しくみ全体の効率が最大になればよいのです。このことをしくみの中に組み込んでおくのです。そこで、人の動機づけのためには、「責任単位別業績評価制度」の確立がポイントになります。これは、達成すべき目標に対して、実績を正しく評価し、説得性、納得性のある処遇をするしくみのことです。

[2] 資産の活用効率に悪さはないか

会社の問題には、売上代金の回収が長期化し、売上債権に対する投資効率が悪化しているとか、在庫をたくさん抱え、在庫回転率が著しく低下し、在庫投資効率が悪化しているといったことが生じます。この種の問題は、資産の活用効率の悪化に基づくものといえます。

できるだけ少ない投資額で、効率よく資産を活用しなければなりません。そこで、資産の回転率を高めるためには在庫の圧縮や、売上債権の回収強化を図って、資金の固定化を回避することです。つまり、ゼイ肉を落として、できるだけ資金を流動化する（金をウカせる）こ

とがポイントです。

このためには、ムダに眠っている資産、活用効率の悪い資産を早く見つけて、早く手を打つことによって、過剰在庫を抑えたり、代金の回収を促進しなければなりません。

[3] 政策の結果と、かけた費用にアンバランスはないか

会社の問題の中には、会社の政策に期待した効果や成果と、それに投じた犠牲（かけた費用）とのアンバランスによるものも少なくありません。

会社は、戦略や政策を立て、それを実行に移しますが、事前にその効果の測定がなされていなかったり、また、現実に期待したとおりの成果が上がらず、費用ばかりかかってしまうこともあるのです。これは、計画段階で立案された戦略や政策が、実施段階での統制がうまくいっていないことに原因があります。

これをうまくやるためには、実施結果をとらえ、ルーチンとして仕事のしくみの中で、柔軟に、ごく自然に軌道修正が行えるようにしておくことが必要です。もちろん、軌道修正を毎日行うのではなく、四半期ごととか半期ごとといったサイクルでよいのです。

例えば、「得意先の拡大は計画どおりにいっているか」「取扱品種や在庫基準は適切か」「得意先に対する与信限度額は適切か」「外注政策はどうか」「販売促進は効果的か」などの事柄が、四半期や半期ごとに定量的にとらえられ、対応策が講じられるようになっていなければなりません。

【2】 課題の決定と改善の方向

[1] N社の問題点と将来にわたっての課題

これまでの分析結果をもとに、N社の問題点と将来にわたっての課題を整理すると、図表9－17のようになります。

図表9－17　問題点と将来にわたっての課題

- 問題点
  - 仕事上の問題
    - 荷造・運送の効率が悪い
    - 原材料引き下げの工夫が足りない
    - 売上債権の回収効率が悪い
  - 管理上の問題
    - 製・商品の在庫効率が悪い
    - 資材の在庫効率が悪い
    - 受取手形の活用効率が悪い
    - 売掛金の活用効率が悪い
  - 政策上の問題
    - 設備投資をしている割にその効果が出ていない
    - 外注政策に一貫性がない
    - 有価証券の売却によって特別利益を計上している
    - 重点政策に工夫が足りない

- 将来にわたっての課題（改善対策）
  - 流通システムの効率化
  - 製・商品の在庫管理の強化
  - 意思決定支援システムの確立
  - VE活動の推進（原材料引き下げのための組織的取り組み）
  - 資材の在庫管理の強化
  - 設備の有効活用（内作への切替え）
  - 責任単位別業績評価システムの確立
  - 売上債権管理の強化

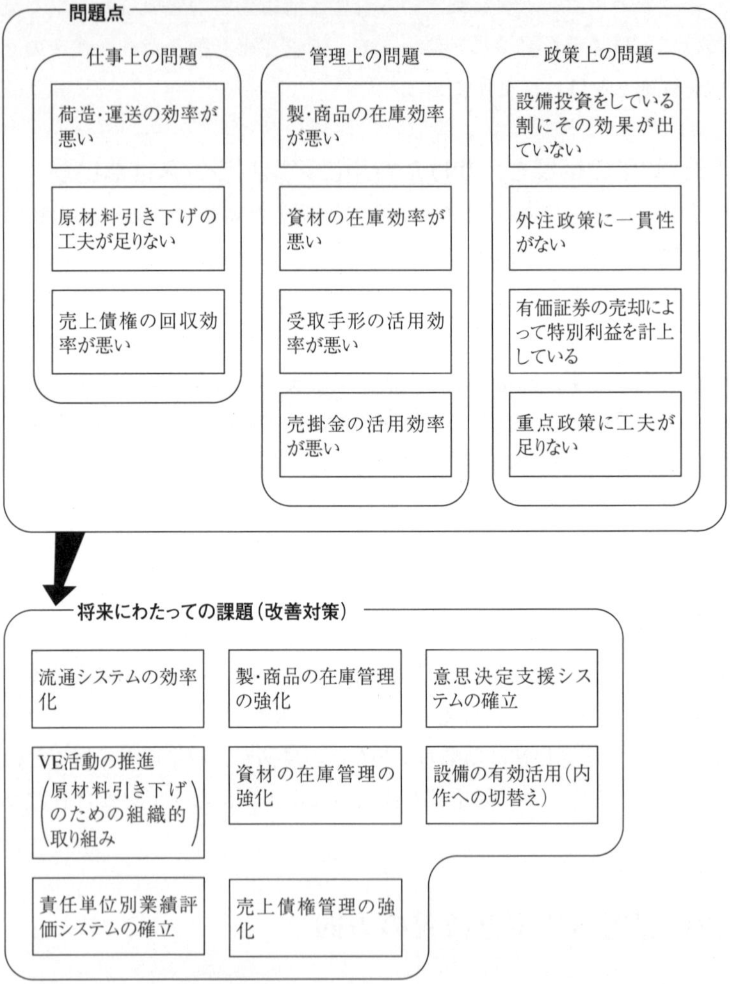

　この表から分かるように、問題を解決するための課題として、8つのテーマが出てきました。これらの課題に対して、異なる立場の人た

ちが、共通の認識（課題の共有化）をすることが重要です。

[2] 課題解決のための改善の方向

　N社は、売上の伸び以上に荷造運送費が年々増大しており、流通システムに問題があるといえます。さらに、材料費についても効率悪化が目立ちます。

　したがって、物流コスト引き下げのための「流通システムの効率化」や、材料費引き下げのための組織的な取り組みとして「ＶＥ活動の推進」などが当面の課題となります。改善の方向としては、だれにでもこなせる仕事のしくみを確立するために、仕事の定型化、標準化、マニュアル化を進めなければなりません。

①動機づけのできるしくみ

　N社は、売上債権（受取手形や売掛金）の回収率が年々悪くなっています。その原因・背景にはいろいろ考えられますが、人の動機づけが足りないのかもしれません。

　そこで、人や部門を動機づけ、N社のために各部門、各個人が全力を発揮できるような業績評価のしくみと、評価結果に基づき、正しい処遇ができるような制度を確立することが大切です。

　そのねらいは、部門や個人業績と会社業績とを一体化することにあります。つまり、業績を正しく評価し、それに基づいて、説得性、納得性のある処遇を行い、人や組織を上手に動機づける制度を確立しなければなりません。これを「責任単位別業績評価制度」といいます。

　ここでいう動機づけとは、会社の業績など、組織の目標達成に貢献するように動機づけるという意味です。そのためには、「人や組織が自分にとって有利に評価されるように行動したならば、その個人や組織の業績がよくなるだけではなく、会社全体の業績も高くなるような業績評価制度を確立しておく」ことです。言葉を換えるならば、この制度は、会計システムからの働きかけによって、マクロ最適化とミクロ

最適化の一致を業績評価制度を通じて達成しようとするものです。責任単位別業績評価制度は、会計数字を責任単位というまとまりの単位で集計し、それに対し、業績目標の達成度合というモノサシで評価することを通じて、業績目標の達成や業績向上に向けての働きかけを行うものです。

②効率的な管理システムの確立

N社では、製品、商品、原材料の在庫効率が年々悪化しています。また、売上の伸び以上に売上債権も増大しています。今後は、仕事の結果をうまくとりまとめて、直ちに次のアクションに結びつけるよう、「役に立つ管理資料」を作成し、それを上手に活用できる体制を確立しなければなりません。

そのためには、緻密な管理ができる管理システムの構築がポイントになります。その対象となる主なテーマを列挙すると、次のとおりです。

a．製品・商品の在庫管理の強化
b．資材の在庫管理の強化
c．売上債権管理の強化
d．意思決定支援システムの確立

経営分析の知識や技法は、今日的なビジネスパーソンにとって、大切な素養の1つです。本書の読破にとどまるのでなく、経営分析の知識・技法をあなたの仕事の中で活かしてください。自社の分析はもちろんですが、仕事上関係のある会社や関心のある会社のデータを入手し、ぜひ分析を試みてください。

会社の中には、「宝の山」（改善の余地）がいっぱいあるはずです。経営分析の技法を駆使し、宝の山を掘り起こしてください。

今後も、「経営数字を正しく読んで、それを上手に活用するセンス」を磨いてください。そして、「問題発見と課題形成力」の更なる向上を願っています。

勘定科目の手引

〔Ⅰ〕貸借対照表科目

資　産 〈流動資産〉 ●当座資産	
現　金	現金収入、支出を記録し、現金の現在高を明らかにする科目。現金勘定で処理する現金というのは、通貨（紙幣、硬貨）、他人振出の小切手、送金小切手、送金為替手形、郵便為替証書、期日の到来した利付債権の利札などです。
小口現金	小払用の資金の出納を記録、管理するための科目。この科目を用いる場合には、小口の出納はすべて小口現金として扱い、大口の支払いには小切手を用いるので、現金勘定は原則として必要ありません。
現金過不足	期中における帳簿残高と実際の手許保有高の差を一時的に処理しておく科目。差異の原因がわかれば、該当する正しい科目に振り替えます。
当座預金	当座預金口座の出納記録管理をするための科目。当座預金は引きだしに小切手を用いる預金で、利息はつきません。通常は、小切手による代金の支払いや、支払手形の決済場所として用いる預金口座です。
受取手形	通常の取引にもとづいて発生した手形債権の増減を記録、管理するための科目。通常の取引というのは、商品や製品の販売のように、主たる営業活動という意味です。また、手形の種類は、法律上、約束手形と為替手形とがありますが、簿記会計ではこの区別によらないで、手形上の債権であれば、受取手形で処理します。

手形貸付金	他企業への資金の貸付けに際し、借用証書の代わりに手形を入手した場合の貸付債権の増減を記録、管理する科目。
割引手形	手形を金融機関で割引いた時、受取手形勘定から直接控除しないで、偶発債務の存在を明らかにするための科目。
裏書手形	手許保有の受取手形を他企業へ裏書譲渡した時、直接受取手形勘定から控除しないで、偶発債務の存在を明らかにするための科目。
不渡手形	受取手形が不渡りになった時、不渡りとなった手形債権を処理するために用いられる科目。
売掛金	得意先との間の通常の取引によって発生した営業上の代金の未収額を記録、管理する科目。売掛金というのは簡単にいえば「ツケ」のことで、販売した時の貸金という意味です。これは、業種によって呼称が異なります。たとえば、建設業での工事未収金、サービス業での未収収益（未収運賃、未収広告料）などがそれです。
有価証券	短期保有の有価証券の増減を記録、管理する科目。ここでいう有価証券というのは、企業が融資の活用を目的として保有する株券、社債券、貸付信託などの受益証券、国債、地方債などのことです。
●棚卸資産	
商　品	商品の増減を記録、管理する科目。ここで商品というのは、販売の目的で他から仕入れた商品のことで、自社で製造した製品とは区別します。
製　品	製品の増減を記録、管理する科目。製品というのは、製造メーカーが販売の目的のために所有している自社の製造品のことです。
半製品	半製品というのは、製造工程に投入されて完成するまでの工程のうちいくつかの工程を終了し、販売の目的で入庫されたもののことです。

	仕掛品	仕掛品というのは、製造工程に投入されてから完成するまでの間を意味します。つまり、現在製造工程の中で加工中の生産品に集計された原価ということになります。なお、半製品との区別は、一部工程を終了して、販売対象として保管されているか、工程の途中にあるかということを基準にします。
	原材料	原材料の増減を記録、管理するための科目。原材料というのは、製品を製造するために使用する原料や材料のことで、製造工程に投入するまでをこの勘定で処理します。製造工程に投入されると、それ以後は仕掛品として扱うことになります。
	貯蔵品	これは貯蔵品の増減を記録、管理するための科目。貯蔵品というのは、消耗工具（治具、工具類）、燃料（ガソリン、重油、石炭など）、事務用消耗品などのことです。
●その他の流動資産		
	前渡金	これは、前渡金の増減を記録、管理する科目。前渡金というのは、商品、原材料、備品などを購入する際、もしくは外注先に対して支払った手付金、前渡金のことで、実際に手付などの対象となった物品を入手するまでこの勘定で記録、管理します。
	前払費用	これは、決算の時に使用する勘定で、すでに代金の支払いは終了したが、その支払いに対応する役務の提供を受けない場合に、費用の期間帰属を正しくするために用います。
	その他	これは貸借対照表に表示する時の呼称で、総勘定元帳には短期貸付金、立替金、仮払金、未収入金（未収金）などの勘定を設定しておきます。
〈固定資産〉		
●有形固定資産		
	建　物	これは、本社建物、工場建物、社宅、体育館などで、自社の所有しているものを記録、管理する科目。なお、営業目的以外の投資目的の建物は、貸借対照表に表示する時は、この建物とは区別し、投資不動産とします。

構築物	これは、営業用の煙突、塀、上下水道、舗装道路などで、自社所有しているものの記録、管理するための科目です。
機械装置	製造するために用いる機械、プラント、その他の製造設備を記録、管理するための科目。たとえば、プレス機械、せん盤、工作機械類、電気炉、メッキ装置などの装置類がこれに属します。
船　舶	営業のために所有している船舶を記録、管理するための科目です。
車両運搬具	営業目的のために使用する車両、その他の運搬具を記録、管理するための科目。たとえば、自動車、フォーク・リフト、トロッコなどです。
工具器具備品	工場で製造用に用いる工具、器具、備品で、耐用年数1年以上で、かつ、相当額以上のものの増減を記録、管理する科目です。
什器備品	事務用の什器、備品を記録、管理するための科目。この勘定に記録するものとしては、計算機、複写機などの事務機、応接セットなどをあげることができます。
土　地	工場敷地、運動場、厚生施設などの敷地のように事業目的のために使っている土地で、自己所有のものの記録、管理するための科目です。
建設仮勘定	自社で使用する固定資産を製造したり、建設したりしている時の建設中の支出や、材料費などを完成するまで集計しておくための科目。なお、完成すると、それぞれの資産の種類を示す勘定に振り替えます。
●無形固定資産　　営業権	営業権というのは、企業が他の企業を吸収・合併したり、営業の譲渡を受けた場合に、入手した純財産よりもそれを取得するのに要した対価のほうが大きい時の、両者の差額のことです。

特許権	特許権を取得するのに要した額を特許の額とし、この増減を記録、管理する科目。したがって、特許権の価値ではなく、取得に要した対価が示されます。
借地権	借地権、地役権を記録、管理するための科目。税法では借地権については減価償却を認めていません。
商標権 実用新案権 意匠権 鉱業権	商標法、実用新案法、意匠法、鉱業法による商標権、実用新案権、意匠権、鉱業権を記録、管理するための科目。いずれも、その権利を取得するのに要した額（取得価額）を帳簿に記載することになります。
〈投資その他の資産〉 投資有価証券	1年以上にわたって保有する投資目的の有価証券の増減を記録、管理する科目。
出資金	これは、信用金庫、信用組合、有限会社、合資会社に対する出資金のことです。
長期貸付金	1年以上の長期にわたる貸付金を貸借対照表上に表示するための科目。
繰延資産	これは、流動資産や固定資産のように、財産的な価値をもつものではなく、次期以降の損益計算を正しく行うために設けられたものです。
負　債 〈流動負債〉 　支払手形	手形債務の増減を記録、管理するための科目。受取手形の場合と同様に、約束手形であると為替手形であるとにかかわらず、手形債務はすべて支払手形勘定で処理します。
買掛金	通常の取引にもとづいて発生した営業上の未払金を買掛金といい、この買掛金の増減を記録、管理する科目。商品や原材料などの仕入代金の未払金、外注加工費の未払金などを処理する時に用います。

短期借入金 （借入金）	返済期限が1年以内の借入金を短期借入金といいますが、総勘定元帳上は、借入金勘定で、長期借入金とともに処理する方法がよくとられています。この場合、貸借対照表に表示する時は、長期借入金と短期借入金とに区分して表示します。
未払金	仕入先との通常の取引以外の取引にもとづいて発生した未払金の増減を記録、管理するための科目。たとえば、土地、什器備品などの不動産の購入代金の未払分を未払金として扱います。
未払費用	これは、決算の時に使用する勘定で、決算期末現在で、支払うべき債務は確定していないが、すでに役務の提供を受けている場合に、費用を当期の損益計算に算入するために用いる科目です。
前受金	商品の販売代金や外注加工代金を前金で受け取った場合の手付金を前受金勘定で処理します。
預り金	一時的な預り金を処理するための科目で、税金預り金（源泉税預り金）、社会保険料預り金などの内訳科目を用いて記録しますが、貸借対照表上はこれらを一括して預り金で表示します。
〈固定負債〉 社　債	社債券を発行して資金を調達した場合の債務の増減を記録、管理するための科目。
長期借入金 （借入金）	借入期間が1年以上にわたる長期の借入金を貸借対照表に表示するための科目。
資本 　　資本金	株主が拠出した出資金（資本金）の額を明らかにするための科目。
●資本準備金 　　資本準備金	株式発行差益、株式払込剰余金、減資差益、合併差益を総称して、資本準備金といいます。

再評価積立金	資産再評価法にもとづいて資産の再評価を行った会社の再評価積立金を明らかにするための科目。
利益準備金	商法で、会社は資本金の4分の1に達するまでは、毎決算期に金銭による利益の配当額の10分の1以上を、中間配当の金銭の分配をなすごとに分配額の10分の1以上を、利益準備金として積み立てなければならないとされています。その規定にもとづいて積み立てられた利益準備金を記録する勘定です。
●その他の剰余金 　任意積立金	利益の内部留保として使途を明確にしたもので、以下に示すような積立金があります。
中間積立金	1年決算の会社が中間配当を実施するために設定した積立金をいいます。
新築積立金	特定の建物を新築するために設定した積立金をいいます。
減債積立金	社債償還のために設定した積立金をいいます。
配当積立金	利益が少ない時でも安定した株式配当ができるようにという目的で設定した積立金をいいます。
事業拡張積立金	将来事業を拡張するのに備えて設定した積立金をいいます。
前記繰越 利益剰余金	前期から繰り延べされてきた利益剰余金の未処分額を記録しておくための科目です。

〔Ⅱ〕損益計算書科目

収益（利益）〈営業収益〉　売　上	商品、製品の売上による収益を記録するための科目。損益計算に区分表示する必要があるため、製品売上、商品売上、半製品売上、原材料売上といったように、売上勘定を細分することもあります。
売上値引	品違い、品質不良などの理由で売上高から差し引かれる金額を記録するための科目。
売上割戻	一定期間の売上数量や売上金額に応じて売上代金を割り戻しした時の割戻額を処理するための科目。
売上返品	売上げた商品、製品が返品された時の売上減少分を記録するための科目。
受取手数料	販売の受託、仲介によって受け取った手数料を記録するための科目。
営業外収益　受取利息	預金利息、貸付金利息を記録するための科目。
有価証券利息	社債、国債、地方債などに対して受け取った利息を記録するための科目。
受取配当金	株式に対する配当金、出資金に対する配当金などの配当額を記録するための科目。
受取賃貸料	本社ビルの一部などを他に貸付けている場合に受け取った賃貸料を記録するための科目。
有価証券売却益	有価証券を売却した場合の売却益（売却価額が帳簿価額を超過する場合の超過額）を記録するための科目。なお、売却益を計算する時には手数料を控除します。

	仕入割引	商品の仕入代金を期日以前に支払ったことによる割引額を仕入割引といいます。
	雑収入	金額的にみてもそれほど大きくなく、特に1科目を設ける必要のないような営業外収益を記録する科目。
〈特別利益〉 　前期損益修正		損益計算書上に前期の損益の修正を表示する時に用いる表示用の科目。
	固定資産売却益	土地、建物、機械装置、車両運搬具などを売却したり、下取方式で買い換えた場合の売却益を記録する科目。
費　用 〈売上原価〉 　仕　入		商品の仕入高を記録するための科目。商品勘定の借方に仕入高を計上する方法をとった場合には仕入勘定は使わないことになります。
	仕入値引	商品の仕入代価の値引高を記録するための科目。
	仕入割戻	商品の一定期間における仕入数量、仕入金額などを基礎にして受ける割り戻しを記録するための科目。
	仕入返品	仕入商品を品質不良、品違いなどの理由で返品した場合の返品高を記録するための科目。
	売上原価	期中に商品の受払記録を行っている場合（これを継続記録法といいます）に、売上による出庫の原価を記録しておくための科目。
〈販売費および一般管理費〉 　販売手数料		外部に販売、ないしは販売の仲介を委託し、それに対して支払った手数料を記録するための科目。
	荷造梱包費	製品、商品などを出荷するために要した荷造、梱包のための費用を記録する科目。

運　賃	運送業者に対して支払った発送のための運賃を記録するための科目。なお、仕入商品を引き取るために支払った運賃は仕入原価（仕入勘定の借方）に計上します。
広告宣伝費	広告宣伝のために支払った広告代理店に対する広告料、新聞雑誌などへの広告掲載料などを記録するための科目。
交際費	取引先などの接待のために要した飲食代、贈答品代を記録するための科目。
燃料費	営業用、本社用の車両燃料費、暖房用の燃料費などを記録するための科目。
倉庫料 （倉敷料）	外部の営業倉庫に商品、製品を保管している場合に発生する倉庫料を記録するための科目。
役員報酬	役員に対して支払った報酬を記録するための科目。ここでいう役員報酬は、定款、もしくは、株主総会の決議で決められた範囲内のもので、それを超過した分については利益処分の役員賞与とします。
従業員給与手当	工場以外の従業員に対して支払った給料や、諸手当を記録するための科目。
賞　与	従業員に対する賞与を記録するための科目。定期に支給される賞与だけでなく、臨時的な決算ボーナスなども含めます。
福利厚生費	従業員に対する福利厚生に関する費用を損益計算書に表示するための科目。
減価償却費	有形固定資産に対して減価償却を実施した場合の償却額を記録するための科目。なお、製造メーカーの場合には、本社に関して発生した償却額ということになります。
賃借料	建物、機械装置、什器備品などを賃借方式で使用している場合の賃借料を記録するための科目。

保険料	支払った損害保険料を記録するための科目。
修繕費	建物、設備、車両などの有形固定資産の維持管理のために要する修繕のための費用を記録するための科目。
水道光熱費	水道料、ガス代、電力料などを記録するための科目。
租税公課	費用として処理する税金、罰金、科料などを記録するための科目。
通信費	電話料、電報料、郵便料金など、通信のための費用を記録するための科目。
旅費交通費	出張のための旅費（交通費、日当、宿泊料）、バス、電車、タクシー代などの交通費を記録するための科目。
消耗品費 （事務用品費）	帳簿、ノート、鉛筆、ボールペン、コピー用紙などの消費高を記録するための科目。
支払手数料	官公庁への申請書類などの作成代行に要した費用を記録するための科目。
貸倒損失 （貸倒償却）	貸倒れとして処理した額を記録するための科目。貸倒引当金が設定されている場合には、それを超過して発生した貸倒損失を処理します。
〈営業外費用〉 支払利息割引料	支払利息、割引料を損益計算書上に表示するための科目。総勘定元帳の上では、支払利息と割引料の2つの勘定科目に分けて口座を設定して処理します。
有価証券売却損	有価証券を売却した場合に生ずる売却損（帳簿価額より売却額のほうが低い時の差額）を記録するための科目。
売上割引	得意先に対して売掛金を約定より早く回収したことに対して行う割引高を記録するための科目。

雑　損	経常的な経営活動の中で発生した費用で、上記のいずれにも属さない、発生頻度の少ない、しかも金額の僅少なものを処理するための科目。
〈特別損失〉 前期損失の修正	前期以前に過小計上した費用を当期に追加して計上したり、前期以前に過大計上した収益や利益を当期に修正する場合に用いる損益計算書への表示用の科目。
固定資産売却損	固定資産を売却したり、下取方式で買い換えたりする場合に生ずる売却損を記録する科目。
固定資産除去損	使用しなくなった固定資産を除去（スクラップまたは廃棄）した場合の帳簿価額をこの勘定で処理します。

〔Ⅲ〕製造原価科目

　製造原価科目は、損益計算科目の販売費および一般管理費科目と同じ名称の科目があります。これらはいずれも内容的には同じもので、それらの費用が本社、営業関係のものであるか工場関係のものであるかという点で区別しただけです。

　以下の説明では、内容が損益計算書の販売費および一般管理費と同じものについては省略します。

原材料費	
主要材料費（原料費）	製品の製造にあたって製品の主体を構成するような原料や材料の消費高を記録するための科目。
買入部品費	外部から購入した部品の製造工程への投入（払出）高を記録するための科目。
燃料費	動力用の燃料の消費高を記録するための科目。
工場消耗品費	工場内で使用する消耗品類の消費高を記録するための科目。
消耗工具器具備品	加工のために使用する消耗性の工具、器具類の払出高を記録するための科目。
労務費 ●賃　金 　直接工賃金	直接工の直接作業に従事した時間に対応する賃金を記録するための科目。
間接作業賃金	直接工が間接作業に従事した時間に対応する賃金を記録するための科目。
間接工賃金	間接工に対して支払った賃金を記録するための科目。
給　料	工場管理職、工場事務員などに対して支払った給料を記録するための科目。

	雑　　給	用務員、作業員その他の臨時雇の人びとに対する給料を記録するための科目。
経　費 外注加工費		工程の一部を外部で加工させる場合の、外注工賃を記録するための科目。
	福利施設負担額	福利施設に関連して発生する費用を記録するための科目。
	厚生費	工場関係の厚生費。
	減価償却費	工場関係の固定資産に対して実施した減価償却費。
	保険料 修繕料 水道光熱費 租税公課 旅費交通費 通信費 保管料	工場で発生した費用で、内容は損益計算書科目と同じです。
	棚卸減耗損	原材料の棚卸減耗損を記録するための科目。
	雑　　費	工場関係の諸雑費を記録するための科目。

出典：「経営数字の読み方・活かし方」山下福夫著／産能大学出版部刊

係 数 表

1. 終価係数 〔P→S〕；$(1+i)^n$

n＼i	1%	2%	3%	4%	5%	6%	7%	8%	10%
1	1.01000	1.02000	1.03000	1.04000	1.05000	1.06000	1.07000	1.08000	1.10000
2	1.02010	1.04040	1.06090	1.08160	1.10250	1.12360	1.14490	1.16640	1.21000
3	1.03030	1.06121	1.09273	1.12486	1.15762	1.19102	1.22504	1.25971	1.33100
4	1.04060	1.08243	1.12551	1.16986	1.21551	1.26248	1.31080	1.36049	1.46410
5	1.05101	1.10408	1.15927	1.21665	1.27628	1.33823	1.40255	1.46933	1.61051
6	1.06152	1.12616	1.19405	1.26532	1.34010	1.41852	1.50073	1.58687	1.77156
7	1.07214	1.14869	1.22987	1.31593	1.40710	1.50363	1.60578	1.71382	1.94872
8	1.08286	1.17166	1.26677	1.36857	1.47746	1.59385	1.71819	1.85093	2.14359
9	1.09369	1.19509	1.30477	1.42331	1.55133	1.68948	1.83846	1.99900	2.35795
10	1.10462	1.21899	1.34392	1.48024	1.62889	1.79085	1.96715	2.15892	2.59374
11	1.11567	1.24337	1.38423	1.53945	1.71034	1.89830	2.10485	2.33164	2.85312
12	1.12683	1.26824	1.42576	1.60103	1.79586	2.01220	2.25219	2.51817	3.13843
13	1.13809	1.29361	1.46853	1.66507	1.88565	2.13293	2.40984	2.71962	3.45227
14	1.14947	1.31948	1.51259	1.73168	1.97993	2.26090	2.57853	2.93719	3.79750
15	1.16097	1.34587	1.55797	1.80094	2.07893	2.39656	2.75903	3.17217	4.17725

n＼i	12%	14%	16%	18%	20%	22%	24%	26%	30%
1	1.12000	1.14000	1.16000	1.18000	1.20000	1.22000	1.24000	1.26000	1.30000
2	1.25440	1.29960	1.34560	1.39240	1.44000	1.48840	1.53760	1.58760	1.69000
3	1.40493	1.48154	1.56090	1.64303	1.72800	1.81585	1.90662	2.00038	2.19700
4	1.57352	1.68896	1.81064	1.93878	2.07360	2.21533	2.36421	2.52047	2.85610
5	1.76234	1.92541	2.10034	2.28776	2.48832	2.70271	2.93163	3.17580	3.71293
6	1.97382	2.19497	2.43640	2.69955	2.98598	3.29730	3.63522	4.00150	4.82681
7	2.21068	2.50227	2.82622	3.18547	3.58318	4.02271	4.50767	5.04190	6.27485
8	2.47596	2.85259	3.27841	3.75886	4.29982	4.90771	5.58951	6.35279	8.15731
9	2.77308	3.25195	3.80296	4.43545	5.15978	5.98740	6.93099	8.00451	10.60450
10	3.10585	3.70722	4.41144	5.23384	6.19174	7.30463	8.59443	10.08569	13.78585
11	3.47855	4.22623	5.11726	6.17593	7.43008	8.91165	10.65709	12.70796	17.92160
12	3.89598	4.81790	5.93603	7.28759	8.91610	10.87221	13.21479	16.01204	23.29809
13	4.36349	5.49241	6.88579	8.59936	10.69932	13.26410	16.38634	20.17516	30.28751
14	4.88711	6.26135	7.98752	10.14724	12.83918	16.18220	20.31906	25.42071	39.37376
15	5.47357	7.13794	9.26552	11.97375	15.40702	19.74229	25.19563	32.03009	51.18589

2. 現価係数 〔S→P〕；$\frac{1}{(1+i)^n}$

n \ i	1%	2%	3%	4%	5%	6%	7%	8%	10%
1	0.99010	0.98039	0.97087	0.96154	0.95233	0.94340	0.93458	0.92593	0.90909
2	0.98030	0.96117	0.94260	0.92456	0.90703	0.89000	0.87344	0.85734	0.82645
3	0.97059	0.94232	0.91514	0.88900	0.86384	0.83962	0.81630	0.79383	0.75131
4	0.96098	0.92385	0.88849	0.85480	0.82270	0.79209	0.76290	0.73503	0.68301
5	0.95147	0.90573	0.86261	0.82193	0.78353	0.74726	0.71299	0.68058	0.62092
6	0.94205	0.88797	0.83748	0.79031	0.74622	0.70496	0.66634	0.63017	0.56447
7	0.93272	0.87056	0.81309	0.75992	0.71068	0.66506	0.62275	0.58349	0.51316
8	0.92348	0.85349	0.78941	0.73069	0.67684	0.62741	0.58201	0.54027	0.46651
9	0.91434	0.83676	0.76642	0.70259	0.64461	0.59190	0.54393	0.50025	0.42410
10	0.90529	0.82035	0.74409	0.67556	0.61391	0.55839	0.50835	0.46319	0.38554
11	0.89632	0.80426	0.72242	0.64958	0.58468	0.52679	0.47509	0.42888	0.35049
12	0.88745	0.78849	0.70138	0.62460	0.55684	0.49697	0.44401	0.39711	0.31863
13	0.87866	0.77303	0.68095	0.60057	0.53032	0.46884	0.41496	0.36770	0.28966
14	0.86996	0.75788	0.66112	0.57748	0.50507	0.44230	0.38782	0.34046	0.26333
15	0.86135	0.74301	0.64186	0.55526	0.48102	0.41727	0.36245	0.31524	0.23939

n \ i	12%	14%	16%	18%	20%	22%	24%	26%	30%
1	0.89286	0.87719	0.86207	0.84746	0.83333	0.81967	0.80645	0.79365	0.76923
2	0.79719	0.76947	0.74316	0.71818	0.69444	0.67186	0.65036	0.62988	0.59172
3	0.71178	0.67497	0.64066	0.60863	0.57870	0.55071	0.52449	0.49991	0.45517
4	0.63552	0.59208	0.55229	0.51579	0.48225	0.45140	0.42297	0.39675	0.35013
5	0.56743	0.51938	0.47611	0.43711	0.40188	0.37000	0.34111	0.31488	0.26933
6	0.50663	0.45559	0.41044	0.37043	0.33490	0.30328	0.27509	0.24991	0.20718
7	0.45235	0.39964	0.35383	0.31393	0.27908	0.24859	0.22184	0.19834	0.15937
8	0.40388	0.35056	0.30503	0.26604	0.23257	0.20376	0.17891	0.15741	0.12259
9	0.36061	0.30751	0.26295	0.22546	0.19381	0.16702	0.14428	0.12493	0.09430
10	0.32197	0.26974	0.22668	0.19106	0.16151	0.13690	0.11635	0.09915	0.07254
11	0.28748	0.23662	0.19542	0.16192	0.13459	0.11221	0.09383	0.07869	0.05580
12	0.25668	0.20756	0.16846	0.13722	0.11216	0.09198	0.07567	0.06245	0.04292
13	0.22917	0.18207	0.14523	0.11629	0.09346	0.07539	0.06103	0.04957	0.03302
14	0.20462	0.15971	0.12520	0.09855	0.07789	0.06180	0.04921	0.03934	0.02540
15	0.18270	0.14010	0.10793	0.08352	0.06491	0.05065	0.03969	0.03122	0.01954

3. 年金終価係数 〔R→S〕 ; $\dfrac{(1+i)^n - 1}{i}$

n \ i	1%	2%	3%	4%	5%	6%	7%	8%	10%
1	1.00000	1.00000	1.00000	1.00000	1.00000	1.00000	1.00000	1.00000	1.00000
2	2.01000	2.02000	2.03000	2.04000	2.05000	2.06000	2.07000	2.08000	2.10000
3	3.03010	3.06040	3.09090	3.12160	3.15250	3.18360	3.21490	3.24640	3.31000
4	4.06040	4.12161	4.18363	4.24646	4.31012	4.37462	4.43994	4.50611	4.64100
5	5.10101	5.20404	5.30914	5.41632	5.52563	5.63709	5.75074	5.86660	6.10510
6	6.15202	6.30812	6.46841	6.63298	6.80191	6.97532	7.15329	7.33593	7.71561
7	7.21354	7.43428	7.66246	7.89829	8.14201	8.39384	8.65402	8.92280	9.48717
8	8.28567	8.58297	8.89234	9.21423	9.54911	9.89747	10.25980	10.63663	11.43589
9	9.36853	9.75463	10.15911	10.58280	11.02656	11.49132	11.97799	12.48756	13.57948
10	10.46221	10.94972	11.46388	12.00611	12.57789	13.18079	13.81645	14.48656	15.93742
11	11.56683	12.16872	12.80780	13.48635	14.20679	14.97164	15.78360	16.64549	18.53117
12	12.68250	13.41209	14.19203	15.02581	15.91713	16.86994	17.88845	18.97713	21.38428
13	13.80933	14.68033	15.61779	16.62684	17.71298	18.88214	20.14064	21.49530	24.52271
14	14.94742	15.97394	17.08632	18.29194	19.59863	21.01507	22.55049	24.21492	27.97498
15	16.09690	17.29342	18.59891	20.02359	21.57856	23.27597	25.12902	27.15211	31.77248

n \ i	12%	14%	16%	18%	20%	22%	24%	26%	30%
1	1.00000	1.00000	1.00000	1.00000	1.00000	1.00000	1.00000	1.00000	1.00000
2	2.12000	2.14000	2.16000	2.18000	2.20000	2.22000	2.24000	2.26000	2.30000
3	3.37440	3.43960	3.50560	3.57240	3.64000	3.70840	3.77760	3.84760	3.99000
4	4.77933	4.92114	5.06650	5.21543	5.36800	5.52425	5.68422	5.84798	6.18700
5	6.35285	6.61010	6.87714	7.15421	7.44160	7.73958	8.04844	8.36845	9.04310
6	8.11519	8.53552	8.97748	9.44197	9.92992	10.44229	10.98006	11.54425	12.75603
7	10.08901	10.73049	11.41387	12.14152	12.91590	13.73959	14.61528	15.54575	17.58284
8	12.29969	13.23276	14.24009	15.32700	16.49908	17.76231	19.12294	20.58765	23.85769
9	14.77566	16.08535	17.51851	19.08585	20.79890	22.67001	24.71245	26.94043	32.01500
10	17.54874	19.33730	21.32147	23.52131	25.95868	28.65742	31.64344	34.94495	42.61950
11	20.65458	22.04452	25.73290	28.75514	32.15042	35.96205	40.23787	45.03063	56.40535
12	24.13313	27.27075	30.85017	34.93107	39.58050	44.87370	50.89495	57.73860	74.32695
13	28.02911	32.08865	36.78620	42.21866	48.49660	55.74591	64.10974	73.75063	97.62504
14	32.39260	37.58107	43.67199	50.81802	59.19592	69.01001	80.49608	93.92580	127.91255
15	37.27971	43.84241	51.65951	60.69527	72.03511	85.19221	100.81514	119.34651	167.28631

4. 年金現価係数〔R→P〕；$\dfrac{(1+i)^n - 1}{(1+i)^n \cdot i}$

n \ i	1%	2%	3%	4%	5%	6%	7%	8%	10%
1	0.99010	0.98039	0.97087	0.96154	0.95238	0.94340	0.93458	0.92593	0.90909
2	1.97040	1.94156	1.91347	1.88609	1.85941	1.83339	1.80802	1.78326	1.73554
3	2.94099	2.88388	2.82861	2.77509	2.72325	2.67301	2.62432	2.57710	2.48685
4	3.90197	3.80773	3.71710	3.62990	3.54595	3.46511	3.38721	3.31213	3:16087
5	4.85343	4.71346	4.57971	4.45182	4.32948	4.21236	4.10020	3.99271	3.79079
6	5.79548	5.60143	5.41719	5.24214	5.07569	4.91732	4.76654	4.62288	4.35526
7	6.72819	6.47199	6.23028	6.00205	5.78637	5.58238	5.38929	5.20637	4.86842
8	7.65163	7.32548	7.01969	6.73274	6.46321	6.20979	5.97130	5.74664	5.33493
9	8.56602	8.16224	7.78611	7.43533	7.10782	6.80169	6.51523	6.24689	5.75902
10	9.47130	8.98258	8.53020	8.11090	7.72173	7.36009	7.02358	6.71008	6.14457
11	10.36763	9.78685	9.25262	8.76048	8.30641	7.88687	7.49867	7.13896	6.49506
12	11.25508	10.57534	9.95400	9.38507	8.86325	8.38384	7.94269	7.53608	6.81369
13	12.13374	11.34837	10.63496	9.98565	9.39357	8.85268	8.35765	7.90378	7.10336
14	13.00370	12.10625	11.29607	10.56312	9.89864	9.29498	8.74547	8.24424	7.36669
15	13.86505	12.84926	11.93794	11.11839	10.37966	9.71225	9.10791	8.55948	7.60608

n \ i	12%	14%	16%	18%	20%	22%	24%	26%	30%
1	0.89286	0.87719	0.86207	0.84746	0.83333	0.81967	0.80645	0.79365	0.76923
2	1.69005	1.64666	1.60223	1.56564	1.52778	1.49153	1.45682	1.42353	1.36095
3	2.40183	2.32163	2.24589	2.17427	2.10648	2.04224	1.98130	1.92344	1.81611
4	3.03735	2.91371	2.79818	2.69006	2.58873	2.49364	2.40428	2.32019	2.16624
5	3.60478	3.43308	3.27429	3.12717	2.99061	2.86364	2.74538	2.63507	2.43557
6	4.11141	3.88867	3.68474	3.49760	3.32551	3.16692	3.02047	2.88493	2.64275
7	4.56376	4.28830	4.03857	3.81153	3.60459	3.41551	3.24232	3.08331	2.80211
8	4.96764	4.63886	4.34359	4.07757	3.83715	3.61927	3.42122	3.24073	2.92470
9	5.32825	4.94637	4.60654	4.30302	4.03097	3.78628	3.56550	3.36566	3.01900
10	5.65022	5.21612	4.83323	4.49409	4.19247	3.92318	3.68186	3.46481	3.09154
11	5.93770	5.45273	5.02864	4.65601	4.32706	4.03540	3.77569	3.54350	3.14734
12	6.19437	5.66029	5.19711	4.79322	4.43922	4.12737	3.85136	3.60595	3.19026
13	6.42355	5.84236	5.34233	4.90951	4.53268	4.20277	3.91239	3.65552	3.22328
14	6.62817	6.00207	5.46753	5.00806	4.61057	4.26456	3.96160	3.69485	3.24867
15	6.81086	6.14217	5.57546	5.09158	4.67547	4.31522	4.00129	3.72607	3.26821

5. 減債基金係数〔S→R〕；$\dfrac{i}{(1+i)^n-1}$

n＼i	1%	2%	3%	4%	5%	6%	7%	8%	10%
1	1.00000	1.00000	1.00000	1.00000	1.00000	1.00000	1.00000	1.00000	1.00000
2	0.49751	0.49505	0.49261	0.49020	0.48780	0.48544	0.48309	0.48077	0.47619
3	0.33002	0.32675	0.32353	0.32035	0.31721	0.31411	0.31105	0.30803	0.30211
4	0.24628	0.24262	0.23903	0.23549	0.23201	0.22859	0.22523	0.22192	0.21547
5	0.19604	0.19216	0.18835	0.18463	0.18097	0.17740	0.17389	0.17046	0.16380
6	0.16255	0.15853	0.15460	0.15076	0.14702	0.14336	0.13980	0.13632	0.12961
7	0.13863	0.13451	0.13051	0.12661	0.12282	0.11914	0.11555	0.11207	0.10541
8	0.12069	0.11651	0.11246	0.10853	0.10472	0.10104	0.09747	0.09401	0.08744
9	0.10674	0.10252	0.09843	0.09449	0.09069	0.08702	0.08349	0.08008	0.07364
10	0.09558	0.09133	0.08723	0.08329	0.07950	0.07587	0.07238	0.06903	0.06275
11	0.08645	0.08218	0.07808	0.07415	0.07039	0.06679	0.06336	0.06008	0.05396
12	0.07885	0.07456	0.07046	0.06655	0.06283	0.05928	0.05590	0.05270	0.04676
13	0.07241	0.06812	0.06403	0.06014	0.05646	0.05296	0.04965	0.04652	0.04078
14	0.06690	0.06260	0.05853	0.05467	0.05102	0.04758	0.04434	0.04130	0.03575
15	0.06212	0.05783	0.05377	0.04994	0.04634	0.04296	0.03979	0.03683	0.03147

n＼i	12%	14%	16%	18%	20%	22%	24%	26%	30%
1	1.00000	1.00000	1.00000	1.00000	1.00000	1.00000	1.00000	1.00000	1.00000
2	0.47170	0.46729	0.46296	0.45872	0.45455	0.45045	0.44643	0.44248	0.43478
3	0.29635	0.29073	0.28526	0.27992	0.27473	0.26966	0.26472	0.25990	0.25063
4	0.20923	0.20320	0.19738	0.19174	0.18629	0.18102	0.17593	0.17100	0.16163
5	0.15741	0.15128	0.14541	0.13978	0.13438	0.12921	0.12425	0.11950	0.11058
6	0.12323	0.11716	0.11139	0.10591	0.10071	0.09576	0.09107	0.08662	0.07839
7	0.09912	0.09319	0.08761	0.08236	0.07742	0.07278	0.06842	0.06433	0.05687
8	0.08130	0.07557	0.07022	0.06524	0.06061	0.05630	0.05229	0.04857	0.04192
9	0.06768	0.06217	0.05708	0.05239	0.04808	0.04411	0.04047	0.03712	0.03124
10	0.05698	0.05171	0.04690	0.04251	0.03852	0.03489	0.03160	0.02862	0.02346
11	0.04842	0.04339	0.03886	0.03478	0.03110	0.02781	0.02485	0.02221	0.01773
12	0.04144	0.03667	0.03241	0.02863	0.02526	0.02228	0.01965	0.01732	0.01345
13	0.03568	0.03116	0.02718	0.02369	0.02062	0.01794	0.01560	0.01356	0.01024
14	0.03087	0.02661	0.02290	0.01968	0.01689	0.01449	0.01242	0.01065	0.00782
15	0.02682	0.02281	0.01936	0.01640	0.01388	0.01174	0.00992	0.00838	0.00598

6. 資本回収係数〔P→R〕：$\frac{(1+i)^n \cdot i}{(1+i)^n - 1}$

n \ i	1%	2%	3%	4%	5%	6%	7%	8%	10%
1	1.01000	1.02000	1.03000	1.04000	1.05000	1.06000	1.07000	1.08000	1.10000
2	0.50751	0.51505	0.52261	0.53020	0.53780	0.54544	0.55309	0.56077	0.57619
3	0.34002	0.34675	0.35353	0.36035	0.36721	0.37411	0.38105	0.38803	0.40211
4	0.25628	0.26262	0.26903	0.27549	0.28201	0.28859	0.29523	0.30192	0.31547
5	0.20604	0.21216	0.21835	0.22463	0.23097	0.23740	0.24389	0.25046	0.26380
6	0.17255	0.17853	0.18460	0.19076	0.19702	0.20336	0.20980	0.21632	0.22961
7	0.14863	0.15451	0.16051	0.16661	0.17282	0.17914	0.18555	0.19207	0.20541
8	0.13069	0.13651	0.14246	0.14853	0.15472	0.16104	0.16747	0.17401	0.18744
9	0.11674	0.12252	0.12843	0.13449	0.14069	0.14702	0.15349	0.16008	0.17364
10	0.10558	0.11133	0.11723	0.12329	0.12950	0.13587	0.14238	0.14903	0.16275
11	0.09645	0.10218	0.10808	0.11415	0.12039	0.12679	0.13336	0.14008	0.15396
12	0.08885	0.09456	0.10046	0.10655	0.11283	0.11928	0.12590	0.13270	0.14676
13	0.08241	0.08812	0.09403	0.10014	0.10646	0.11296	0.11965	0.12652	0.14078
14	0.07690	0.08260	0.08853	0.09467	0.10102	0.10758	0.11434	0.12130	0.13575
15	0.07212	0.07783	0.08377	0.08994	0.09634	0.10296	0.10979	0.11683	0.13147

n \ i	12%	14%	16%	18%	20%	22%	24%	26%	30%
1	1.12000	1.14000	1.16000	1.18000	1.20000	1.22000	1.24000	1.26000	1.30000
2	0.59170	0.60729	0.62296	0.63872	0.65455	0.67045	0.68643	0.70248	0.73478
3	0.41635	0.43073	0.44526	0.45992	0.47473	0.48966	0.50472	0.51990	0.55063
4	0.32923	0.34320	0.35738	0.37174	0.38629	0.40102	0.41593	0.43100	0.46163
5	0.27741	0.29128	0.30541	0.31978	0.33438	0.34921	0.36425	0.37950	0.41058
6	0.24323	0.25716	0.27139	0.28591	0.30071	0.31576	0.33107	0.34662	0.37839
7	0.21912	0.23319	0.24761	0.26236	0.27742	0.29278	0.30842	0.32433	0.35687
8	0.20130	0.21557	0.23022	0.24524	0.26061	0.27630	0.29229	0.30857	0.34192
9	0.18768	0.20217	0.21708	0.23239	0.24808	0.26411	0.28047	0.29712	0.33124
10	0.17698	0.19171	0.20690	0.22251	0.23852	0.25489	0.27160	0.28862	0.32346
11	0.16842	0.18339	0.19886	0.21478	0.23110	0.24781	0.26485	0.28221	0.31773
12	0.16144	0.17667	0.19241	0.20863	0.22526	0.24228	0.25965	0.27732	0.31345
13	0.15568	0.17116	0.18718	0.20369	0.22062	0.23794	0.25560	0.27356	0.31024
14	0.15087	0.16661	0.18290	0.19968	0.21689	0.23449	0.25242	0.27065	0.30782
15	0.14682	0.16281	0.17936	0.19640	0.21388	0.23174	0.24992	0.26838	0.30598

参考文献

『経営分析の進め方・活かし方』	山下福夫著	産能大学出版部(1984)
『財務・計数感覚を磨く本』	山下福夫著	産能大学出版部(1993)
『経営数字の読み方・活かし方』	山下福夫著	産能大学出版部(1991)
『SEのための経営分析』	山下福夫著	高文堂出版社(1991)
『新・業務改善の考え方・進め方』	森谷宜暉・山下福夫著	産能大学出版部(1996)
『財務情報のまとめ方』	森谷宜暉著	税務経理協会(1984)
『図解経営分析がわかる本』	山口裕康著	日本実業出版社(1988)
『だれでもわかる経営分析』	柴野直一著	経林書房(1975)
『経営分析Ⅰ』(経営分析技法)	山下福夫・倉田昌彦著	産業能率大学(2002)
『経営分析Ⅱ』(採算計算と経営分析の実際)	山下福夫・倉田昌彦著	産業能率大学(2002)

さくいん

あ

- アウトソーシング･･････････49、61
- 赤字倒産････････････････････11
- 粗利率･･････････････････････34
- 安全性の分析････････････････184
- 安全余裕率･･････････････････130
- 受取手形回転率･･････････････53
- 売上原価とは････････････････39
- 売上原価率･･････････････････38
- 売上高営業利益率････････････35
- 売上高金融費用比率･･････････42
- 売上高経常利益率････････････36
- 売上高原材料費比率･･････････39
- 売上高主要費用比率･･････････41
- 売上高総利益率･･････････････33
- 売上高労務費比率････････････39
- 売掛金回転率････････････････54
- 売り逃し損失････････････････165
- 売れ残り損失････････････････165
- 営業外収益･･････････････････36
- 営業外損益の部･･････････････31
- 営業外費用･･････････････････36
- 営業活動によるキャッシュフロー････91
- 営業キャッシュフロー・マージン････99
- 営業キャッシュフロー当期純利益率･100
- 営業損益の部････････････････31
- 営業の収益力（営業活動の効率）････180

か

- 会社全体の傾向･･････････････177
- 会社の問題･･････････････････166
- 外部購入価値････････････････80
- 外部分析････････････････････3
- 加算法･･････････････････････76
- 勘定合って銭足らず･･････････11
- 「勘定合って銭足らず」発生の理由･･･12
- 勘定科目分解法･･････････････114
- 勘定科目分解法の例･･････････115
- 「勘定式」の貸借対照表･･････････16
- 間接法･･････････････････････91
- 完全外注品･･････････････････56
- 機会原価････････････････150、152
- 機会損失････････････････150、152
- 機会利益････････････････150、152
- 期間比較････････････････････64
- 企業体質････････････････････134
- 企業特性（企業体質）････････････10
- 基準在庫量･･････････････････165
- 基準による制御･･････････････167
- キャッシュ･･････････････････89
- キャッシュと黒字倒産････････99
- キャッシュフロー計算書････････89
- キャッシュフロー計算書のしくみ･･90、93
- キャッシュフロー計算書の様式･････92
- キャッシュフロー版
  インタレスト・カバレッジ・レシオ････105
- キャッシュフロー版当座比率･･････102
- キャッシュフロー比率････････103
- 金融費用････････････････････42
- 黒字倒産････････････････11、90、99
- 経営分析････････････････････2
- 経営分析に必要な資料････････5
- 経営分析の限界･･････････････8
- 計画案の利益････････････････139
- 限界利益････････････････････117
- 限界利益率･･････････････････119
- 現価係数････････････････156、160
- 現金同等物･･････････････････89
- 減債基金係数････････････････158
- 原材料回転率････････････････58
- 原材料在庫と適正在庫の維持･････59
- 控除法･･････････････････････76
- 構成比率････････････････････16
- 効率的な管理システムの確立････196
- コソーシング･･････････････49、61
- 固定資産････････････････････20
- 固定資産回転率･･････････････60

218

固定性配列法	16
固定長期適合率	21
固定費	113
固定費型の特徴	131
固定比率	19
固定負債	21

■■■■■■■■■■さ■■■■■■■■■■

債権者	4
財務安全性とキャッシュフロー	103
財務活動によるキャッシュフロー	95
財務収支の状況	182
財務体質	25
酸性試験比率	19
仕掛品	60
仕掛品回転率	59
事業投資の採算性	159
資金調達と転換社債	104
資金の収益力	156
自己資本比率	23
仕事のやり方の不具合(仕事上の問題)	191
資産の活用効率の悪さ(管理上の問題)	191
資産の利用効率	183
システム構築のステップ	168
支払利息と配当	105
資本回収係数	158
資本回転率	49
資本回転率の種類	51
資本生産性	74、83
資本の種類	47
資本利益率	44
終価係数	156
従業員1人当たり付加価値	78
主要比率一覧表	175、176
商業の売上原価	39
商品回転率	55
商品在庫と適正在庫の維持	56
諸比率の関連	44
信用供与期間と営業活動	55
信用調査	4

信用分析	4
すう勢比率(移動基準法)	66
すう勢比率(固定基準法)	66
政策の結果とかけた費用のアンバランス(政策上の問題)	191
生産性とは	74
生産性の分析	188
生産性分析の目的	73
生産ロットサイズ	58
製造業の売上原価	39
製造原価明細書の様式	40
成長性分析の意義	63
ゼイ肉落とし	27
ゼイ肉落としの着眼点	27
製品回転率	57
製品在庫と適正在庫の維持	57
製品・商品の収益力	178
製品の有利性	142
責任単位別業績評価制度	55、192、195
設備投資効率	85
設備投資とキャッシュフロー	107
設備投資と調達資金の源泉	21
設備投資の採算計算	154
設備投資比率	106
総資本回転率	51
総資本経常利益率	48
総資本投資効率	83
損益計算書のしくみ	29
損益計算書の様式	30
損益計算書の様式(報告式)	32
損益分岐点	111、116
損益分岐点(数量)	117
損益分岐点の分析	187
損益分岐点比率	129

■■■■■■■■■■た■■■■■■■■■■

貸借対照表	13
貸借対照表(勘定式)	14
貸借対照表(報告式)	15
貸借対照表のしくみ	13
貸借対照表の様式	14
対症療法	178

宝の山	164
棚卸資産	19
長期有利子負債	103
直接法	91
手形サイト	53
適正在庫量	165
デッドストック	58
転換社債	104
動機づけのできるしくみ	195
当座比率	18
投資活動によるキャッシュフロー	94
投資キャッシュフローの最適管理	108
投資比率	108
投資分析	3
投入ロットサイズ	60
特別損益の部	31
取替原価	150、151

な

内作と外作	147
内部分析	2
内部分析と外部分析の違い	4
年金現価係数	158、161
年金終価係数	158

は

発生主義の原則	11
販売費および一般管理費	31
比較製造原価報告書	174
比較損益計算書	173
比較貸借対照表	172
1人当たり売上高	81
費用科目の機能別分類	41
費用構成から見た望ましい体質	134
費用分解	114
付加価値とは	75
付加価値の構成状態	86
付加価値の範囲	77
付加価値率	79
負債比率	22
歩積預金	18
プロセス・ミックス（工程細分）	80
プロダクト・ミックス（製品構成）	34、80

変動費	113
変動費型の特徴	132
変動費率	119
「報告式」の貸借対照表	16

ま

埋没原価	147、148、150
無形固定資産	20
問題対応型	178
問題点絞り込みの着眼点	190
問題点と将来にわたっての課題	194

や

約定	54
有価証券報告書総覧	6
有形固定資産	20
有利子負債	22
有利子負債の程度と財務安定性	22
与信限度額	166

ら

リード・タイム	60
利益図表	123
利益図表の作り方（その1）	125
利益図表の作り方（その2）	127
利益の種類	47
流動資産	17
流動性配列法	16
流動比率	17
流動負債	17
両建預金	18
連結キャッシュフロー計算書	96
労働生産性	74、78
労働装備率	82
労働分配率	87

わ

ワラント債	104

著 者 紹 介

山下 福夫（やました ふくお）

〈略　歴〉 昭和18年高知県生まれ、昭和41年専修大学経営学部卒業、神奈川県商工指導所を経て、昭和45年産業能率大学経営管理研究所入職。

〈現　在〉 産能短期大学助教授、産能大学経営開発本部主幹研究員として、セミナー講師、コンサルテーション、業務改善指導、学生の教育などに従事する傍ら厚生労働省の各種委員を兼務。

〈主な著書〉 「経営数字の読み方・活かし方」「財務・計数感覚を磨く本」「新・業務改善の考え方・進め方」（共著）以上、産能大学出版部。
「SEのための経営分析」「SEのための簿記会計」「知っておきたい財務会計の知識」「これからの事務効率化の進め方」（共著）以上、高文堂出版社。
「業務改善とシステムコンサルティング」（共著）「これならわかる経営分析」以上、CALL研究会。
「財務情報の見方と分析」「日常取引の仕訳」「情報管理システム」（共著）「業務システムの効率化」（共著）「コンピュータ活用によるOAの進め方」（共著）「システム設計とアプリケーション」（共著）「経営実務Ⅰ」以上、産能大学通信教育部。
「財務諸表分析」「企業を支える財務のしくみ」「これならわかる簿記入門」「S-MAP財務編」「経営分析Ⅰ」（共著）「経営分析Ⅱ」（共著）「経営指標マニュアル」（共著）以上、産業能率大学。
その他、論文、テキスト執筆多数。

だれでもわかる **経営分析の進め方・活用の仕方**　　　　〈検印廃止〉

2002年7月27日　初版発行

著　者　　山下　福夫
発行者　　佐々木幹夫

© Fukuo Yamashita, Printed in Japan 2002.

発行所　　**産能大学出版部**
　　　　　　東京都世田谷区等々力6 - 39 - 15
　　　　　　電話　03（5760）7801（代表）
　　　　　　FAX　03（5760）7804
　　　　　　振替口座　00100 - 2 - 112912

（乱丁・落丁はお取り替えいたします）印刷・渡辺印刷　製本・協栄製本
ISBN4-382-05523-7